Judy Sheindlin

Schönheit geht, Dummheit bleibt

Für Jerry, der mein Herz immer noch zum Singen bringt,
und für unsere Töchter ...
alle unsere Töchter.

Judy Sheindlin

Schönheit geht, Dummheit bleibt

Fehler, die Frauen nur einmal machen sollten

Aus dem Amerikanischen übersetzt
von Caroline Wolf

mvg

Die Deutsche Bibliothek – CIP-Einheitsaufnahme

Sheindlin, Judy :
Schönheit geht, Dummheit bleibt : Fehler, die Frauen nur einmal machen sollten / Judy Sheindlin / Aus dem Amerik. übers. von Caroline Wolf / Landsberg am Lech : mvg-verl., 2000
(mvg-paperbacks ; 08667)
Einheitssacht.: Beauty Fades, Dumb is Forever <dt.>
ISBN 3-478-08667-9

Titel der amerikanischen Originalausgabe: „Beauty Fades, Dumb is Forever"
Übertragen aus dem Amerikanischen von Caroline Wolf.

Umschlaggestaltung: Vierthaler & Braun, München
Satz: mi/FTL Kinateder
Druck- und Bindearbeiten: Presse-Druck, Augsburg
Printed in Germany 08 667/700502
ISBN 3-478-08667-9

Inhalt

Danksagungen 7

Einleitung 9

Kapitel 1
Kriechen Sie nicht, wenn Sie fliegen können 21

Kapitel 2
Was aufsteigt, muss wieder herunterkommen 39

Kapitel 3
Verleugnung ist ein Fluss in Ägypten 49

Kapitel 4
Beherrschen Sie erst das Spiel – dann spielen Sie es 67

Kapitel 5
Sie sind der Stamm des Baumes 93

Kapitel 6
Sie können einem Stier nicht das Tanzen beibringen 107

Kapitel 7
Fehlschläge stärken nicht den Charakter 125

Kapitel 8
Loslassen ist der halbe Spaß 147

Kapitel 9
Sie können die Heldin Ihrer eigenen Geschichte sein 157

Kapitel 10
Ein Wort noch zum Schluss: Verzichten Sie nicht! 167

Stichwortverzeichnis 171

Danksagungen

Eine dicke Umarmung für Catherine Whitney, deren Talent und Geschicklichkeit mir beim Organisieren meiner Überlegungen halfen.

Und für Jane Dystel, eine Literaturagentin wie Dynamit, die von Anfang an verständnisvoll für mich da war und mich ermutigt hat.

Ein wohlverdientes Dankeschön an Diane Reverand, eine ungemein talentierte Lektorin.

Für alle Frauen, die mir sehr private Aspekte ihres Lebens mitgeteilt haben. Vielen Dank für Ihre Ehrlichkeit.

Was für bemerkenswerte Frauen!

Einleitung

Mein Vater sagte immer, ich wäre wunderschön, sogar in den Zeiten, da ich körperlich nicht gerade sehr ansehnlich war – ein bisschen zu mollig, mit Pickeln über das ganze Gesicht und strähnigem fettenden Haar. Hätte ich einen Pickel mitten auf der Stirn gehabt, so hätte er gesagt: „Oh, wie wundervoll! Jeder sollte so einen haben!" Mein Vater zog gern Leute auf und meistens brachte er mich dadurch zum Lachen. Wenn ich dann lachen konnte, fühlte ich mich wohler in meiner Haut.

Er gab mir einmal einen guten Rat, wenn er mich dabei erwischte, dass ich mir wieder zu viele Sorgen um mein Äußeres machte: „Schönheit geht", pflegte mein Vater dann zu sagen, „aber Dummheit? Dummheit bleibt für immer." Er schärfte mir ein, dass ein glänzender Intellekt, ein neugieriger Verstand und die Leidenschaft für das Lernen unbezahlbare Eigenschaften sind. Aus diesem Grund war ich davon überzeugt, es wäre die schlimmste Beleidigung der Welt, dumm genannt zu werden. Da sogar gut aussehende Menschen nicht sehr attraktiv wirkten, wenn sie dumm waren, bemühte ich mich stets darum, clever zu sein.

Es ist mir zur zweiten Natur geworden, bis zum heutigen Tag – wenn ich auf dem Richterstuhl sitze – mit einem Finger an meinen Kopf zu tippen und mich zu fragen: „Wollen die mich für dumm verkaufen?" – und die implizierte Antwort ist ein überwältigendes „Nein". (Diese Gewohnheit ist eine bereinigte Version des Lieblingsspruchs meines Vaters – „Siehst du hier irgendwo ‚Du bist ein Depp' stehen?")

Die Jahre vergingen, ich wurde Anwältin, dann Familienrichterin, und die Worte meines Vaters begleiteten mich weiterhin. Tag für Tag erlebte ich in meinem Gerichtssaal, was mit Frauen geschah, die ihren Verstand nicht gebrauchten. Irgendwann in ihrem Leben hatten diese Frauen entschieden, vielleicht unbewusst, ihr Licht unter den sprichwörtlichen Scheffel zu stellen, um für Männer attraktiver zu sein. Und das Ergebnis ihrer dummen Entscheidung war dieser tägliche Aufmarsch von Jammer und Elend im Familiengericht.

Für die meisten Gerichte ist die Unkenntnis eines Gesetzes keine Entschuldigung, und für diese Frauen war Lebensunkenntnis keine Entschuldigung in meinem Gerichtssaal – und ist es immer noch nicht.

Ich habe solche Sprüche schon x-mal gehört: „Ich wusste nicht ...“, „Ich dachte nicht ...“, „Ich wollte doch nicht ...“

Das ist alles dummes Geschwätz.

Die meisten Probleme, die im Familiengericht endeten, konnten mehr oder weniger auf das Sprichwort meines Vaters zurückgeführt werden. Eine große Zahl von Frauen war nur zu eifrig bemüht, seine Annahme beweiskräftig zu untermauern. Der Preis dafür, dass sie ihren Verstand verbannten, war sehr hoch – nicht nur für sie selbst, sondern auch für ihre Kinder und Kindeskinder.

Mir wurde klar, dass die Dinge nur zu ändern waren, wenn wir die Botschaft schon jungen Mädchen nahe brachten, früh genug, bevor diese nicht wieder gutzumachende Entscheidungen treffen würden: Schönheit vergeht ... aber Dummheit? Dummheit bleibt.

Lassen Sie uns miteinander reden

Ich halte mich nicht für eine Expertin in Fragen der Ehe, der Elternschaft oder all der anderen Themen, die Frauen betreffen. Allerdings habe ich mit tausenden von Frauen aller Altersgruppen und in den verschiedensten Lebensumständen im Lauf der Jahre als Familienrichterin zu tun gehabt. Ich glaube, ich bin zu so etwas wie einer Expertin geworden, warum Frauen unkluge Entscheidungen treffen.

Auch ich selbst lieferte einige Prachtstücke und diese möchte ich Ihnen im Interesse schriftstellerischer Sorgfalt gern mitteilen.

Ich habe niemals gezögert zu sagen, was ich denke, freimütig und geradeheraus. Ich bin im Grunde ein positiv eingestellter Mensch. Und ich bin kein Opfer. Diese Zuversicht ist ein Geschenk, das mir meine Eltern mit auf den Weg gaben und das ich an andere Frauen weitergeben möchte.

Ich nehme weder Johanniskraut noch Prozac[1]. Habe ich einen schlechten Tag, dann habe ich eben einen – jeder hat hier und da mal einen schlechten Tag. Ich akzeptiere das. Und ich bin dankbar, dass meine schlechten Tage seltener sind als meine guten. Laufen die Dinge nicht so, wie ich es gern hätte, ziehe ich mir nicht die Decke über den Kopf und bleibe einfach im Bett liegen. Das Leben geht weiter. Ich stehe auf, dusche und bringe die Küche auf Vordermann. So wurde ich erzogen: „Du wirst dich wieder besser fühlen. Arrangiere dich damit."

Ich verstehe durchaus, dass es Momente im Leben gibt, wo man denkt: „Ich sterbe gleich vor Verlegenheit" – oder Scham oder Reue. Zeiten, da einfach alles viel zu schwer erscheint. Aber ich bin alt genug, um zu wissen, dass auch solche Zeiten vorbeigehen, und dieses Wissen ermöglicht eine positive Einstellung zum Leben. Ich halte beständig Ausschau nach Überraschungen, einer neuen Möglichkeit und Abenteuern. Ich habe nur dieses eine Leben – und ich werde es nicht vergeuden. Lieber ein Burnout-Syndrom als eingerostet.

---

[1] Bekanntestes Antidepressivum in den USA (Anm. d. Ü.)

Ich habe einen gewissen Einblick, da ich miterlebt habe, was Scheitern anrichten kann. Ich habe gesehen, was Mangel an Selbstwertgefühl bei Menschen anrichtet, besonders bei Frauen. Frauen bringen sich selbst in schlechte finanzielle Situationen und sie tolerieren demoralisierende und erniedrigende Bedingungen. Sie wählen sich ihre Ehepartner nicht aktiv; sie erlauben, dass sie selbst erwählt werden. Sie verharren in Beziehungen, die eigentlich unhaltbar sind, mit Männern, die sie körperlich und emotional missbrauchen. Sie beugen sich Männern, weil sie an ihrem eigenen Wert zweifeln.

Das Selbstwertgefühl ist gekoppelt an Selbstvertrauen – an eine „Ich kann das schaffen"-Einstellung. Wenn sie das Gefühl haben, ihr Leben selbst unter Kontrolle zu haben, dann entsteht eine Sicherheit, die auch alles andere durchzieht – vom Tiefgreifenden bis zum Banalen.

Ich gebe Ihnen ein einfaches Beispiel aus der Kategorie des Banalen. Jahrelang war ich es gewohnt, sobald die Nadel der Tankanzeige meines Autos auf Reserve zeigte, eine Tankstelle anzusteuern und zum Tankwart zu sagen: „Volltanken mit Super, bitte – danke." Er füllte den Tank auf, prüfte noch kurz den Luftdruck der Reifen und den Ölstand, reinigte die Scheiben, und ich war schon wieder auf dem Weg.

Dann brach das Zeitalter des Selfservice an. Nachdem ich ein Leben lang mit einem Lächeln bedient worden war, erwartete man jetzt von mir, meinen Sprit selbst zu zapfen. Anfangs weigerte ich mich. Nicht, weil ich zu fein gewesen wäre, mir die Hände schmutzig zu machen – obwohl ich keinen Geschmack daran fand, Eau de Superbenzin als meine Duftmarke zu tragen. Mein Problem war vielmehr, dass der ganze Vorgang mich einschüchterte. Diese Zapfsäule kam mir vor wie ein Hightechmonster.

Welche Knöpfe musste man drücken? Wie konnte das Ganze gestoppt werden? Was war das Geheimnis, um den schlangengleichen Zapfhahn aus seiner Halterung und in dieses kleine Loch an der Seite des Fahrzeugs zu bekommen? Ich hatte immer das Gefühl, es würde sicher mehr Benzin auf meinen Kleidern landen als im Tank meines Autos. Also fuhr ich meilenweit, um eine Tankstelle mit Fullservice zu finden. Klappte das nicht, so versuchte ich es so zu arrangieren, dass nur dann getankt wurde, wenn mein Mann Jerry dabei war. Eines Tages geschah das Unvermeidliche. Da waren nur noch ich, das Auto und die Selbstbedienungszapfsäule. Und ich schaffte es. Welch ein Gefühl von Freiheit, Macht und Kontrolle ich da empfand! Ich war frei von jeglicher männlicher Tyrannei. Ich konnte selbstständig tanken!

Tanke einmal selbst und du kannst immer tanken. Wechsle einmal einen Reifen und du wirst immer befreit sein von der „Angst vor dem Platten".

Das ist die banale Seite.

Die tief greifende erfordert mehr Arbeit, das Prinzip ist aber das Gleiche. Ich bin überzeugt, dass Unabhängigkeit für eine Frau der einzige Weg zum Glück ist. Das heißt nicht konsequenterweise, dass Sie allein bleiben müssen; der Punkt ist aber zu wissen, Sie könnten es allein schaffen. Und der einzige Weg, zu dieser Zuversicht zu gelangen, sind ein Beruf oder eine Berufung, die Ihnen Vergnügen und Sie finanziell unabhängig machen.

Als meine erste Ehe nach zwölf Jahren scheiterte, plagten mich die üblichen Ängste einer jungen, allein stehenden Frau mit zwei kleinen Kindern. Die eine Angst jedoch hatte ich nicht, dass ich mich und meine Kinder nicht finanziell über die Runden bringen könnte.

Ich war mir nicht sicher, ob ich jemals wieder jemanden finden würde, der mit mir mein Leben teilen wollte. Ich war mir auch nicht sicher, ob ich das Auto durch einen heftigen Schneesturm steuern könnte. Und ich war mir absolut sicher, ich würde hilflos sein, wenn ich einen Dichtungsring an der Spüle wechseln müsste.

Eines wusste ich aber immer, egal was passieren würde – ich wäre immer in der Lage, unseren Lebensunterhalt mit etwas zu verdienen, das mir wirklich Spaß machte. Zuversicht kommt dem Selbstwertgefühl gleich und dieses gleicht der Kontrolle. Ich hatte die Kontrolle über mein Schicksal da, wo es wirklich darauf ankam. Und das ist, mit einem Wort, die Definition von Selbstachtung.

Richterin Judys Lektionen

Heute bin ich eine Frau von 55 Jahren. Ich bin 34 Jahre lang als Anwältin tätig gewesen. Ich war Tochter, Ehefrau, Mutter – und jetzt bin ich eine Persönlichkeit des öffentlichen Lebens.

Ich habe viel gesehen!

Als Anwältin und dann Richterin am Familiengericht vertrat und später entschied ich über Fälle, in die zehntausende von Frauen involviert waren. Alle diese Frauen befanden sich in einer Krise:

- die Jungen und Schwangeren,
- die Geschiedenen und die ohne einen Pfennig Geld,
- die körperlich Missbrauchten,
- die emotional Missbrauchten,
- die Armen und Obdachlosen,
- die Süchtigen und Abgelehnten,
- die, die Missbrauch ermöglichten,
- und die absichtlich Blinden – die wegsahen, wenn Väter oder Liebhaber ihre Töchter sexuell missbrauchten.

Es gab einen gemeinsamen Nenner – fehlendes Selbstwertgefühl. Niemand vermittelte diesen Frauen jemals glaubhaft, sie wären um ihrer selbst willen wichtig. Uns in den Gerichten blieb es überlassen, diesen Frauen, die im Begriff waren zu ertrinken und ihre Kinder mit hinabzuziehen, Schwimmwesten zuzuwerfen.

Ich hatte Glück. Ich wurde beschenkt mit Eltern, die sich verpflichtet fühlten, mir die Bausteine für eine sichere Zukunft bereitzustellen. Meine Kindheit wurde durch endlos viele Fotografien dokumentiert, und ich wusste, dass sie mich liebten. Sie vermittelten mir die höchsten ethischen und moralischen Werte und nahmen aktiv an meinem Leben teil. Sie bestärkten mich beständig darin, dass ich alles schaffen könnte, was ich wollte – und ich glaubte ihnen.

Das Leben als Ehefrau und Mutter war etwas schwieriger, da ich, wie alle anderen, auf mich allein gestellt war. Ich bekenne freimütig, dass ich viele Fehler gemacht habe. Einige waren banal, andere nicht so belanglos, wichtig war aber, dass ich aus meinen Fehlern lernte. Sie alle dienten mir als wertvolle Lektionen.

Auf den folgenden Seiten werde ich diese einfachen, aber wahren Lektionen zu vermitteln versuchen, sowohl in meiner Funktion als Richterin als auch unabhängig davon. Sie betreffen im tiefsten Inneren alle Frauen, egal welchen Platz sie im Leben einnehmen, und sie lauten wie folgt:

1. Schönheit geht, Dummheit bleibt.

Erlauben Sie keinesfalls, dass Sie über Ihr Aussehen definiert werden. Denken Sie daran, ein hinreißendes Model wird eines Tages ein „ehemaliges Model“ sein. Eine Schönheitskönigin wird irgendwann eine „alternde Schönheitskönigin“ sein. Haben Sie aber Köpfchen, Geist, Elan und Persönlichkeit, so werden Sie nie irgendeine „Ehemalige“ sein. Sie werden immer diese einmalige Persönlichkeit bleiben. Machen Sie Ihre Identität und Ihre Träume nicht an einer Fassade fest. Bauen Sie lieber ein solides Fundament – von innen.

2. Kriechen Sie nicht, wenn Sie fliegen können.

Haben Sie ein Talent, so zeigen Sie es. Haben Sie spezielle Fertigkeiten, so zögern sie nicht, sich damit hervorzutun. Hören Sie auf, sich Sorgen zu machen, Sie könnten zu massiv wirken, zu aggressiv und nicht weiblich genug. Ich spreche von dieser Maske, die wir Frauen in der Gegenwart von Männern tragen. Vom Schlafzimmer bis zum Sitzungssaal fügen wir uns den Männern. Das ist unser bedrückendes kleines Geheimnis. Und ich sage, es ist an der Zeit, uns diesen Staub von den Knien zu wischen!

3. Was aufsteigt, muss wieder herunterkommen.

Sex gibt Frauen keine Macht über Männer. Warum also benehmen viele sich so, als wäre es anders? Wir glauben, wir könnten einem Mann im Bett geben, was er möchte, der Rest würde sich schon richten. Ich nehme an, dass Männer diese Lüge in die Welt gesetzt haben, da es ihren Zwecken so hervorragend dient und unseren so schlecht. Denken Sie daran, meine Damen, unser Körper ist unser Tempel. Er gehört uns. Lassen Sie jemanden herein, dann nur aus den richtigen, von Ihnen gewollten Gründen und nicht, weil es ein Samstagsabend-Rendezvous ist oder um einen Streit abzuwenden.

4. Verleugnung ist ein Fluss in Ägypten.

Verstehen Sie? Frauen sind meisterhafte Leugnerinnen. Sie sind die einzige bekannte Spezies, die, übersät mit blauen

Flecken, immer noch denken kann: „Aber er liebt mich wirklich." Wenn Ihr Ehemann, Ihr Liebhaber, Ihr Chef, Ihr Kollege oder Ihr Freund Sie missbraucht, dann sind Sie ein Opfer. Aber Sie sind auch eine Droge. Es ist Zeit für ein Mittel, das die Augen öffnet.

5. Beherrschen Sie erst das Spiel – dann spielen Sie es.

Wollen Sie am Arbeitsplatz erfolgreich sein, so lernen sie erst die Regeln und spielen sie das Spiel besser als Männer. Bei Frauen ist das größte Hindernis für Erfolg, dass sie sich nicht nur wie die Männer eifrig um sich selbst kümmern, sondern zugleich auch eifrig um die Männer.

6. Sie sind der Stamm des Baumes.

In jedem menschlichen Bestreben, sei es Familie, Gemeinschaft, Kirche oder Schule, finden sich Frauen, die alles zusammenhalten. Wir sind der Stamm – das Fundament, die Quelle. Aber ein Baum braucht Nahrung, um stark zu bleiben, und Sie werden diese nicht unbedingt von außen bekommen. Beginnen sie damit, Ihren eigenen Krug mit Selbstachtung bei sich zu tragen, um sich selbst damit nähren zu können.

7. Sie können einem Stier nicht das Tanzen beibringen.

Verwenden Sie ihre kostbare Lebenszeit nicht darauf, Ihren Mann dazu zu zwingen, sich zu ändern. Er kann nicht; er wird es nicht. Sie selbst werden damit nur noch ärgerlicher. Machen sie sich im Geiste eine Liste davon, was wichtig ist. Kämpfen Sie für genau diese Punkte und nicht für irgendwelchen Kleinkram.

8. Fehlschläge stärken nicht den Charakter.

Wer immer diese Vorstellung aufgebracht hat, er war ein Idiot. Erfolg stärkt den Charakter. Wenn wir wollen, dass unsere Töchter Selbstachtung gewinnen, so müssen wir ihnen die Chance geben zu glänzen. Machen Sie ihnen glauben, sie seien etwas Besonderes und sie werden etwas Besonderes sein.

9. Loslassen ist der halbe Spaß.

Es ist wunderbar und erfüllend, Kinder zu haben – sie aufwachsen und lernen zu sehen. Aber Eltern zu sein hat etwas davon, einen Kreisel in Bewegung zu halten. Ziehen Sie ihn ständig bis zur vollen Geschwindigkeit auf, wird er sich nie selbst drehen. Leben Sie Ihr Leben nicht durch Ihre Kinder. Wollen Sie, dass sie gedeihen, dann lassen Sie sie gehen – mit voller Geschwindigkeit. Und wenn Sie zufrieden sein wollen, dann müssen Sie Ihr Leben für sich selbst leben.

10. Sie können die Heldin Ihrer eigenen Geschichte sein.

Egal in welchem Alter, Sie haben immer die Chance, eine Hauptrolle in Ihrem eigenen Abenteuer einzunehmen. 50 zu sein kann fabelhaft sein; 60 sensationell. Jedes Alter bietet etwas, das sie vorher nicht hatten – und ich spreche nicht von Falten und Leberflecken. Die Geschichte Ihres Lebens handelt von genau einem Thema – von Ihnen. Was Sie daraus machen – allein oder mit einem Partner, mit Kindern oder kinderlos, hübsch oder weniger schön, wohlhabend oder Mittelstand –, das wird die Geschichte sein, die geschrieben wird. Es liegt in Ihrer Hand, wie diese Geschichte endet.

Dieses Buch hat den Titel *Schönheit geht, Dummheit bleibt: Fehler, die Frauen nur einmal machen sollten.* Ich bin überzeugt, Sie werden diese Fehler nur einmal machen und dann glücklich sein, wenn Sie diese zehn Lektionen lernen, ganz egal, was Sie auf der Schönheitsskala erreichen.

Ich lasse dabei nicht unberücksichtigt, dass gutes Aussehen ein Plus ist. Milliardenschwere Industriezweige florieren damit, dass sie die Vorzüge guten Aussehens preisen. Mir scheint, dass das, was Sie aus Ihrer körperlichen Erscheinung machen, äußerst wichtig für Ihre Selbstachtung ist und dadurch Vertrauen aufbaut. Es gibt aber nur sehr wenige Sharon Stones – und sogar Sharon Stone ist keine 30 mehr. Wir müssen uns auf unseren Kopf verlassen, unseren Verstand, unsere Fähigkeiten. Wir sollten uns darauf konzentrieren, kluge Entscheidungen für unsere Karriere zu treffen, und unsere Ehemänner clever auswählen. Selbstachtung und Sinn für Humor zu wahren, die unweigerlichen Herausforderungen und Frustrationen des Lebens im Auge behaltend, hilft ebenfalls sehr. Es ist eine wunderbare Welt. Die Hälfte der Weltbevölkerung sind Frauen, und es ist an der Zeit für uns, mindestens die Hälfte Spaß abzubekommen.

1 Kriechen Sie nicht, wenn Sie fliegen können

Als ich zehn Jahre alt war, zog meine Familie aus einer Mietwohnung in ein Einfamilienhaus, was damals eine ziemlich große Sache war. Das Haus befand sich etwa eine 20-minütige Busfahrt von der Gegend entfernt, in der ich aufgewachsen war und wo alle meine Freunde zurückblieben. Ich ließ dort nicht nur Freunde zurück, sondern auch den Großteil meiner weitläufigen Verwandtschaft – meine Großeltern, meine Tanten und Onkel und meine Cousine Shirley, die mir immer schon nahe stand.

Shirley und ich waren gleich alt, aber das hätte niemand gedacht. Sie war frühreif und ihre Brüste fingen schon an zu wachsen. Ich dagegen war flach wie ein Brett. Eines Tages, an einem Samstag, lud Shirley mich auf einen Besuch in meine alte Nachbarschaft ein. Ich nahm den Bus und sie holte mich von der Haltestelle ab. Wir spazierten zum Sportplatz der Highschool, um dort ein paar von Shirleys Freunden zu treffen. Auf dem Weg dorthin erklärte sie mir, man müsse sich von einem Jungen die Brust anfassen lassen, wenn man beliebt sein und einen Freund haben wolle.

Ich hatte noch nie Erfahrungen dieser Art gemacht – teils auch, da ich nichts hatte, was man anfassen konnte. Ich fürchtete mich zu Tode, aber ich ließ an jenem Tag einen Jungen meine Brust berühren – so wie sie war. Und das war, in sehr jungen Jahren, meine Einführung in die Art, wie Frauen sich den Wünschen der Männer beugen.

Das ist die Sorte von schmutzigen, kleinen Geheimnissen, die Frauen teilen, über die sie aber selten sprechen. Sie können die Präsidentin eines Konzerns sein, Astronautin, Neurochirurgin oder Richterin – das macht wirklich keinerlei Unterschied. Wir alle haben vom selben Ausgangspunkt aus mit der Lektion begonnen:

Willst du es im Leben zu etwas bringen, dann beuge dich besser den Wünschen der Männer. Und auf verschiedene Art und Weise und mit unterschiedlichem Erfolg haben wir alle unser Leben mit der Sisyphusarbeit verbracht, diesen Felsblock den Hügel hinauf zu wälzen. Ich finde, es gibt einen besseren Weg. Ich habe Frauen am Arbeitsplatz in Schweigen verfallen sehen, während ein männlicher Kollege eine brillante Idee verbreitete, die sie ihm kurz zuvor im Vertrauen mitgeteilt hatte. Steht sie auf und sagt: „Das ist meine Idee!" – Gott bewahre. Wie würde sie es zurückbezahlt bekommen? Vielleicht würde sie gebrandmarkt als unfähig zur Teamarbeit, ein „Miststück" genannt oder, noch schlimmer, die anderen würden sie nicht mehr mögen. Daher beugt sie sich, statt ihr intellektuelles Eigentum zu verteidigen, und lässt ihren Kollegen den Punkt machen.

Ich fand mich in meinem Berufsleben eines Tages in ebendieser Situation. Ich hatte viele Ideen und sprach gern darüber. Mein männlicher Kollege war erfreut, die Lorbeeren dafür einzuheimsen. Irgendwann fühlte ich mich wie eine Idiotin – besonders als mein Kollege befördert wurde und ich nicht. Ich entschied mich schließlich, ich könnte eher das Risiko, nicht mehr gemocht zu werden, eingehen, als im Körper einer Idiotin gefangen zu bleiben. Also sagte ich laut meine Meinung und ich bin immer noch hier. Nebenbei gesagt, ich fühlte mich großartig!

An der privaten Front war es ganz ähnlich. Ich erledigte lästige Haushaltspflichten, statt meinen Mund aufzumachen und Reibereien heraufzubeschwören. Nur wenige Menschen lieben es, sich um die Wäsche zu kümmern, Betten neu zu beziehen, private Telefonanrufe zu beantworten und all die anderen Kleinigkeiten, die das Leben so erfordert. Ich kümmerte mich immer darum, weil es zweckdienlich war und mein Mann nicht damit belästigt werden wollte. Es war jedenfalls entschieden einfacher, als mit einem mies gelaunten Ehemann umzugehen. Dann hörte ich aber auf damit, forderte, wir sollten die Last teilen, ertrug das vorauszusehende Meckern und Schmollen – und wir sind trotz allem immer noch zusammen.

Wenn Sie Ihr Leben damit verbringen, sich den Wünschen eines anderen zu beugen, dann enden Sie als Bedienungskraft. Ist es das, was Sie in Ihrem Leben erreichen wollen? Es ist ein hoher Preis nur dafür, beliebt zu sein.

Männliche Verrücktheit

In meiner Fernsehsendung *Richterin Judy* sind alle Fälle real, und die Parteien stimmen zu, sich an meine Entscheidungen zu halten. Hier zeigt sich das Leben in seiner normalen Banalität. So viele Fälle handeln von Belanglosem, Habgier, Selbstsucht und Dummheiten, die Menschen einander antun. Ein großer Prozentsatz der Fälle demonstriert, was für eine befremdliche Wahl Frauen oft treffen, nur um einen Mann zu erhaschen. Einige Fälle im Einzelnen:

Eine Frau erscheint vor mir im Gerichtssaal. Ihr neuer Liebhaber hat eine Rechnung von 3.000 US-Dollar über ihre Kreditkarte abgerechnet. Ich frage: „Wie lange kannten Sie sich schon, bevor Sie ihm Ihre Kreditkarte überließen?"

„2 Minuten und 13 Sekunden, Euer Ehren."

Nun ja, vielleicht übertreibe ich, aber was macht das schon? Ein Tag, eine Woche, ein Monat – welche Frau, die ihren Verstand beisammen hat, würde einem praktisch fremden Mann ihre Kreditkarte überlassen? Sie vertraute ihm, behauptete sie. Das kann nicht wahr sein. Sie vertraute ihm niemals, nicht wirklich tief greifend. Treuebrüche begleiten sie schon ihr Leben lang. Dank der Auswahl, die sie bei ihren Liebhabern trifft, ist sie immer verschuldet.

Dann ist da das Beispiel einer Frau, die vor mir erscheint. Sie hat einen Kerl bei sich einziehen lassen, den sie erst seit einer Woche kannte. Sie ist eine erfolgreiche Geschäftsfrau mit einem klugen Köpfchen auf den Schultern – mit dieser Ausnahme. Sie beschreibt, wie ihr neuer Hausgenosse sich jede Nacht fein machte, sich ihr Auto lieh und das Haus verließ – geschäftlich! Sie unterstützte ihn und war geduldig. Sie war verständnisvoll. Er versuchte angeblich in Geschäften mit Restaurants Fuß zu fassen. Deshalb fanden alle Treffen nach Mitternacht statt. Und sie gab ihm die Schlüssel, ihre Tankkarte, egal was.

Ich bin nicht von gestern. Ich musste nur einen Blick auf diesen Kerl werfen und konnte ihn lesen wie einen schlechten Roman. Er war niemals auch nur das kleinste bisschen an dieser sehr gut aussehenden Frau mittleren Alters interessiert, die ihn in ihr Haus ließ, da sie in dem Glauben lebte, sie hätten eine Beziehung und eine gemeinsame Zukunft. Er hatte die Stirn, vor mich hinzutreten und zu verkünden, er hätte ihr von Anfang an klargemacht, dass sie nur Freunde wären. Sie ist eine hilfsbereite Frau und unterstützt ihn, leiht ihm Geld, damit er sich selbstständig machen kann, überlässt ihm ihr schickes Auto jede Nacht. Er benimmt sich aber wie die geschädigte Partei. „Sie wollte mehr. Sie kannte doch die Abmachung. Sie versucht sich an mir zu rächen, weil ich sie nicht will."

Dieser Kerl war ein Schmarotzer, und ich war frustriert, was die Frau anbelangte. Jeder im Gerichtssaal, die Millionen von Zuschauern, alle wussten haargenau, was hier Sache war – nur sie nicht. Sie entschied sich dafür, sich dumm zu stellen. In diesen Situationen sagen Frauen immer das Gleiche: „Ich dachte, er würde mich lieben." „Er sagte, er würde mich lieben.“ „Er versprach mir, wir würden heiraten.“ Kontrolle ist alles. Dasselbe Szenario bot sich auch im Familiengericht wieder. Alles Variationen zum immer gleichen Thema:

Warum ließen Sie sich von ihm schlagen? „Ich dachte, er liebt mich.“

Warum haben Sie sein Kind bekommen? „Er sagte, er liebe mich.“

Die Notwendigkeit, ein Paar zu sein, einen Ehemann zu haben, koste es, was es wolle, das ist die Maschine, die den Zug antreibt. Zumindest gilt das für Frauen. Für Männer scheint das nicht so der Fall zu sein. Würde irgendein Mann regelmäßige Beulen und blaue Flecken erdulden, um eine Beziehung aufrechtzuerhalten? Keinesfalls.

Der Grund für diese rätselhafte Dichotomie ist einfach. Frauen wird es so beigebracht, dass sie nichts sind, solange sie nicht die eine Hälfte eines Paares sind. Wenn Sie das nicht glauben, überlegen Sie einmal, wie unterschiedlich allein stehende Männer und Frauen beschrieben werden.

- Er ist ein eingefleischter Junggeselle.
- Sie ist eine alte Jungfer.
- Er stößt sich die Hörner ab.
- Sie kann keinen Mann halten.
- Er ist wählerisch.
- Sie wird nicht gewählt.

Solange Frauen dieses Märchen zulassen, ohne einen Mann zu leben, komme einem Exil gleich, und solange Paare diese Vorstellung weiter bestärken, indem sie ihre allein stehenden Freundinnen mit Mitleid betrachten, solange wird es so bleiben. Und Frauen werden sich weiter unterordnen.

Die Maske der Unterwerfung

Sich beugen bedeutet: das eigene Selbst und die eigenen Bedürfnisse unterordnen und alles, was man zu finden, zu erreichen und bei einem Mann – irgendeinem Mann – festzuhalten versucht. Tief in ihrem Innersten glauben viele Frauen, dass sie niemals attraktiv für einen Mann sein könnten, wenn sie ihr wahres Ich zeigen würden. Daher trainieren, arbeiten und studieren sie, um einen höheren Grad in der Sublimierung ihrer Natürlichkeit zu erlangen – und damit sie einen wirklich außergewöhnlichen Mann einfangen können.

Bücher und Artikel in Magazinen spucken weiter unablässig eine alte und vertraute Botschaft an Frauen aus – tu alles, was du tun musst. Zwei aufgeweckte junge Frauen schrieben einen Bestseller, Die Regeln, ein Buch, das nichts anderes ist als ein Handbuch der Unterordnung. In anderen Worten, es ist eine Zusammenstellung von Regeln, die einer Frau helfen sollen, als genau diese Persönlichkeit zu erscheinen, die ein Mann haben will. Ich nehme an, die Autorinnen würden bestreiten, dass es hier um Unterwerfung gehe, und argumentieren, es ginge um Kontrolle. Aber ist einen Mann bis vor den Altar zu locken letztlich doch nichts anderes, als sich selbst in eine Lage zu bringen, wo man sich seinen Wünschen zu beugen hat?

Sicher, in der Situation eines Rendezvous versuchen beide Parteien sich von ihrer besten Seite zu zeigen, aber wenn eine Beziehung sich weiterentwickelt, sollten beide die Masken fallen lassen und sie selbst sein. Männer tun das ganz selbstverständlich, prahlen sogar damit – „Was du siehst, ist das, was du kriegst, Baby." Warum sollte die Frau eine Maske tragen? Ein schlechter Tag ist ein schlechter Tag, egal welchen Geschlechts man ist.

Mein Rat lautet: Spielen Sie keine Spielchen. Seien Sie Sie selbst. Seien Sie ehrlich; und wenn er nicht interessiert ist, dann ist er nicht der Richtige für Sie. Sie legen Ihre Vorgaben fest – ein guter Charakter, Sinn für Humor, verantwortungsbewusst, intelligent, fürsorglich – und dann warten Sie ab, bis ein Mann mit diesen Qualitäten auftaucht und Sie mit Respekt behandelt. Meine Damen, die richtige Wahl eines Ehemannes wird jeden einzelnen Moment an jedem Tag ihres restlichen Lebens beeinflussen. Frauen sublimieren ihren Frust nicht durch ein Golfspiel oder ein Tennismatch. Also, treffen Sie die Wahl nach Ihren Vorgaben.

Schwanengesänge

Ich wusste schon in sehr jungen Jahren, dass ich nicht allein durchs Leben gehen wollte. Ich wollte Teil eines Paares sein, wie ein Schwan. Schwäne paaren sich für das ganze Leben. Sie gleiten zu zweit über die Seen, ihre eleganten Hälse in perfekter Synchronisation reckend. Auch als ich ein junges Mädchen war, fühlte ich irgendwie, dass es natürlich sei, zu zweit zu sein. Ich machte immer Witze darüber, dass die einzige Möglichkeit, aus dem Haus meiner Eltern wegzukommen, entweder in einer Holzkiste oder in einem Hochzeitskleid wäre. Ich entschied mich für das weiße Kleid. Aber die Dinge sind nicht immer das, was sie scheinen, sogar für Schwäne.

Eine völlige andere Seite der Schwanengeschichte enthüllte sich mir kürzlich, als ich mit meinem Mann Urlaub in Kona Village auf Hawaii machte. Ich beobachtete einen prachtvollen, für sich allein schwimmenden Schwan und ich bemerkte zur Besitzerin der Ferienanlage, wie herrlich dieser Schwan sei, aber er wirke unglücklich und niedergeschlagen. Sie berichtete mir daraufhin eine interessante Geschichte.

„Viele Jahre lang gab es hier zwei Schwanenpaare“, erzählte sie. „Dann wurde einer der männlichen Schwäne von einem großen Hund getötet, als er sein Nest verteidigte. Seine Partnerin war verzweifelt. Nach ein paar Monaten änderte sich ihr früher sanftmütiges Wesen und sie wurde sehr aggressiv.“

Ich war fasziniert.

„Sie war eifersüchtig“, erklärte die Besitzerin. „Sie hatte keinen Partner mehr und konnte den Anblick des anderen Paares nicht ertragen. Also tötete sie einen der beiden Schwäne.“

„Das Weibchen“, mutmaßte ich.

Die Besitzerin hob die Augenbrauen. „Nein. Sie tötete das Männchen. Sie wollte ihn nicht für sich selbst. Sie konnte nur die Tatsache nicht ertragen, dass das andere Schwanenweibchen immer noch einen Partner hatte. Also tötete sie ihn.“ Die Besitzerin schüttelte traurig den Kopf. „Das andere Schwanenweibchen ist fort von hier, nachdem ihr Partner tot war. Sie ist jetzt wirklich allein. Das ist doch was?“

Sie denken, diese Geschichte sei merkwürdig? Stellen Sie sich 20 Frauen vor, die Schiffbruch erleiden und auf einer einsamen Insel stranden. Wahrscheinlich passen sie sich an und etablieren eine wohl geordnete Gemeinschaft. Jetzt denken sie sich einen Mann dazu. Auf der Stelle entsteht ein Desaster. Dieser Kerl könnte zwei Köpfe haben und eine völlig verkümmerte Persönlichkeit und er wäre trotzdem ein „heiß umkämpftes Besitztum“. Die Frauen könnten sich gegenseitig umbringen, bis nur noch eine Einzige übrig bliebe, um sich mit diesem männlichen Wesen zusammenzutun. Oder sie könnten einfach ihn umbringen und den Frieden in ihrer Gemeinschaft erhalten. Die Schwanengeschichte war Anlass für mich, darüber nachzudenken, welchen sozialen Druck die meisten Frauen wohl spüren, Teil eines Paares sein zu müssen. Stellen Sie sich ein Leben ohne Neid, Bedauern, unerfüllte Sehnsucht und Enttäuschung vor. Stellen Sie sich vor, Sie wählen Ihren Lebensstil, weil es Sie glücklich macht.

Hart zu lernen

Mein Leben hat sich entwickelt, als ob es eine endlose Folge sich kreuzender Highways wäre, die mich von den Anfängen bis zu meinem jetzigen Standpunkt führten. Schon als kleines Mädchen wusste ich, ich wollte Anwältin werden, und ich wusste, ich wollte heiraten und Kinder bekommen. Zu dem Zeitpunkt, da ich mein Jurastudium beendete und Anwältin wurde, heiratete ich auch.

Mein erster Job war der einer internen Rechtsberaterin für Cosmair Inc., dem Mutterkonzern von L'Oréal-Kosmetik, Paris. Sie hatten eben damit begonnen, ihre Produkte im Einzelhandel zu vertreiben. Ich wurde angeblich dafür engagiert, um mich mit Fällen von Produkthaftung zu befassen, zusammen mit einem jungen Mann, der ebenfalls kürzlich seinen Juraabschluss gemacht hatte. An meinem ersten Tag bekam ich eine Liste von Apotheken, die ich anzurufen hatte. Es wurde von mir erwartet, Bestellungen von diesen zu erschwatzen – von Lippenstiften bis hin zu Haarfärbemitteln. Ich dachte, sie machten nur Spaß. Ich machte sogar noch Witze: „Nein, so eine Art von Agentin bin ich nicht!" Aber sie meinten es völlig ernst. Sie gaben meinem männlichen Beraterkollegen keine Telemarketing-Liste. Unnötig zu erwähnen, dass ich bald eine tiefe Abneigung meiner neuen Position gegenüber entwickelte.

Was also tun, wenn Frau ihren Job hasst? Ein Kind bekommen natürlich und 18 Monate später gleich noch eines. Wie sich herausstellte, hatte mein erster Ehemann Ron ziemlich rückständige Ansichten über die Verantwortung der Familie gegenüber. Als unsere Kinder noch klein waren, verkündete er, er würde sie nicht beaufsichtigen, bis sie sagen könnten: „Ich will einen Hamburger und Fritten."

Auf meine Bemerkung hin, dass doch auch er ein klein wenig daran beteiligt war, diese Kinder in die Welt zu setzen, gab er zwar seinen Beitrag zu, meinte aber: „Es gehört nicht zu meinem Vertrag, sie zu füttern oder Windeln zu wechseln. Wenn sie entwöhnt sind – also sauber und der Sprache mächtig –, dann vielleicht."

Genau das sagte er. Ich habe nicht mit ihm gestritten. Ich war viel zu verblüfft. Und ich war erschöpft. Ich musste mich um zwei kleine Kinder kümmern, ohne die kleinste Unterstützung von meinem Partner. Großartig! Ich blieb also zu Hause und betreute die Kleinen. An den Wochenenden tauchten meist Rons Freunde auf, um ihn zum Handball abzuholen. Im Winter war es Fußball. Das nahm ich ihm verdammt übel. Ich verbrachte die ganze Woche allein mit den Kindern und war endlich Wochenende, machte Ron sich aus dem Staub, um mit seinen Kumpels Sport zu treiben. Kein bisschen Fürsorglichkeit.

Eines Samstagmorgens riefen mich seine Freunde an, eine Stunde, nachdem sie ihn abgeholt hatten. Es hatte einen Unfall während des Spiels gegeben, und Ron hatte sich ein Bein gebrochen. Er lag in der Notaufnahme des Krankenhauses und wurde dort wieder zusammengeflickt. Ein paar Stunden später brachten sie ihn wieder nach Hause, mit einem Gips bis zur Hüfte, und halfen ihm die Treppen hoch in unser Schlafzimmer, damit er sich bequem ausruhen könne. Zu jener Zeit lebten wir in einem kleinen zweistöckigen Haus in Brooklyn, New York, mit zwei kleinen Schlafzimmern und einem Badezimmer oben, Küche und Wohnzimmer unten. Etwa eine Stunde, nachdem seine Freunde ihn ins Bett gebracht hatten, hörte ich Ron von oben rufen.

„Judy? Judy? Liebling?", hörte ich ihn klagend schreien.

„Was ist los, Ron? Alles in Ordnung?“, rief ich mit süßer Stimme die Treppe hoch.

„Ich muss ins Bad, Liebling. Könntest du mir hier oben helfen?“, flehte er. „Ich brauche Hilfe beim Aufstehen.“

„Das steht nicht in meinem Vertrag“, schrie ich fröhlich hinauf. „Wenn du ins Bad willst, dann krieche dorthin.“

Ich versuchte die Situation zu nutzen, um einen Punkt für mich zu machen. Es war umsonst, weil ich, sobald diese Worte ausgesprochen waren, sofort nach oben rannte und ihn ins Bad schleppte.

Kurz nach diesem Vorfall zogen wir in einen Vorort um, wo ich noch isolierter war. Nach vier Jahren Unkraut und Sesamstraße hatte ich das Gefühl, mein Gehirn sei mangels Gebrauchs total verkümmert. Ich lechzte danach, mein juristisches Fachwissen anzuwenden und mich endlich auf Dinge von einiger Wichtigkeit zu konzentrieren. Ich wollte mich wieder ins Gefecht stürzen. Als die Kinder noch die Krippe besuchten, ging ich zu den Mittagstreffen der Rechtsanwaltskammer, wo ich auf einen ehemaligen Studienkollegen traf. Wir unterhielten uns, und es stellte sich heraus, dass er die Vertretung des Familiengerichts in Manhattan leitete. Er fragte mich: „Und was hast du so gemacht?“, und ich erzählte es ihm. „Massenweise Windeln gewechselt, ein Pärchen wunderbarer Kinder großgezogen, ausgerastet, das Übliche eben. Und du?“

Er sagte: „Das passt wunderbar. Du bist genau die Richtige, die ich für mein Büro brauche. Willst du einen Job?“

Was sollte ich dazu sagen? „Ja, danke, sehr gern. Großartig! Wann soll ich anfangen?“

Freudig erregt kehrte ich nach Hause zurück. Als Ron später am Abend zum Essen nach Hause kam, erzählte ich ihm: „In zwei Wochen werde ich wieder zu arbeiten anfangen!“

Er übergab sich beinahe in sein Essen. „Was meinst du damit, du fängst in zwei Wochen wieder zu arbeiten an? Was ist mit den Kindern?“

„Ich habe heute Nachmittag herumtelefoniert“, antwortete ich, „und ich werde mir ein paar Tagesmütter ansehen. Die können dann auch gleich ein wenig Hausarbeit erledigen.“

Ron starrte mich fassungslos an.

Ich muss Ihnen kurz etwas über meinen ersten Mann erzählen. Er war sehr nett, aber er nahm meine Absicht, wieder zu arbeiten, nicht sonderlich ernst. Er dachte, das sei nur eine Phase, die ich gerade durchmachte. Sicherlich maß er meiner Karriere nicht die gleiche Bedeutung zu wie seiner eigenen und er machte mir das völlig klar, sobald mein Tagesplan eng wurde. Wenn ich wusste, es würde spät werden, bat ich ihn zu versuchen, früher zu den Kindern nach Hause zu kommen. Ich werde nie vergessen, was er sagte, als er der Meinung war, ich hätte einmal zu oft gefragt.

„Judy, du arbeitest, weil es dir Spaß macht, klar? Für dich ist es nur ein Spiel. Ich muss aber arbeiten.“

Das war vor fast 30 Jahren, und ich erinnere mich noch genau an seine Worte. Frauen haben ein Gedächtnis wie Elefanten – sie vergessen nie.

Der Standpunkt meines Mannes bedeutete eine kapitale Bedrohung für mein Glück und meine Erfüllung. Als ich schließlich einsah, dass wir niemals am selben Strang ziehen würden, entschied ich mich für die Scheidung. Meine Eltern waren sehr aufgebracht, und mein Vater, der immer mein treuester Fürsprecher war, schockierte mich mit seiner Äußerung: „Zwei unschuldige Kinder sollten nicht leiden für etwas, das zwei schuldige Erwachsene getan haben.“

Mein Vater wollte, dass ich diese Ehe aufrechterhielte, obwohl ich unglücklich war?

Das überraschte mich angesichts der sonstigen Einstellungen meines Vaters, aber es war bisher niemand in unserer Familie geschieden worden. Für meinen Vater waren vermutlich Scheidung und Versagen synonym. In gewisser Weise hatte er Recht, obwohl ich mir wünschte, er wäre auf meiner Seite, wie er es bis dahin immer war. Die Reaktion meiner Mutter war sehr viel verständnisvoller. Sie fragte mich nach den Gründen, warum ich die Scheidung wünschte. Ich erklärte ihr, ich sei nicht glücklich. Dann wollte sie wissen, ob ich versucht hätte, an der Beziehung zu arbeiten, und ich sagte ihr, dass ich das getan hätte.

„Ich respektiere deine Entscheidung", sagte meine Mutter. Zurückblickend verstehe ich, dass meine Mutter wohl wusste, wie viel mehr das Glück einer Frau von einer guten Ehe abhängt. Für meinen Vater war die Ehe nur ein Teil seines Lebens. Er hatte noch seine Zahnarztpraxis, das Golf, seine Abende mit Johnny Carson – eine Vielzahl von Dingen, die ihm Zufriedenheit und Vergnügen bereiteten. Für meine Mutter war die Ehe ihre Hauptbeschäftigung und ihre Familie war die wichtigste Quelle von Zufriedenheit und Vergnügen. Am Ende tat ich, was mein Vater wollte. Um ihn zu beschwichtigen, blieb ich ein weiteres Jahr in dieser Ehe, die eigentlich schon beendet war. Es war zu spät, die Ehe zu retten, und so war ich, mit einigem Bedauern, als erstes Mitglied meiner Familie mit einem feuerroten „S" gebrandmarkt.

Was die Kinder anging, so wusste ich bereits aus meiner Arbeit am Familiengericht, dass es für Kinder immer besser ist, ihre Zeit mit zwei glücklichen, ruhigen Elternteilen zu verbringen als in einer Kampfzone zu leben. Ich wurde eine allein erziehende, arbeitende Mutter.

Dann traf ich Jerry Sheindlin.

Jerry

Ich arbeitete als Staatsanwältin am Familiengericht in Manhattan, 60 Lafayette Street. Das ist im Zentrum, am Rand der Insel. Jerry war zu der Zeit Anwalt der Verteidigung für Strafsachen. Ich war ihm jedoch nie begegnet, da er nicht mit Fällen für das Familiengericht beschäftigt war.

Es war ein Freitagabend, und Jerry hatte eben einen großen Prozess hinter sich gebracht, aus dem er als Sieger hervorgegangen war. Während ich meine Arbeit für die Woche wegräumte, kam mein Chef an meinem Büro vorbei, steckte seinen Kopf zur Tür herein und lud mich ein, die anderen Anwälte auf einen Drink im *Peggy Doyle* zu treffen, einer Kneipe in der Gegend, die von der Juristenmeute bevorzugt besucht wurde.

Normalerweise verließ ich das Büro um halb fünf am Nachmittag, um mich auf den Weg nach Hartsdale zu machen. Aber es war ein Freitag. Meine Eltern hatten es sich zur Gewohnheit gemacht, jeden Freitag auch über Nacht auf einen Besuch vorbeizukommen. Die Zahnarztpraxis meines Vaters war freitags geschlossen, und er kam gern zum Golfen nach Hartsdale. Meine Mutter hatte dann die Gelegenheit, ihre Enkelkinder zu verwöhnen. Wenn ich wollte, konnte ich also ein wenig länger nach der Arbeit ausbleiben. Trotzdem schlug ich die Einladung meines Chefs aus. Es war eine lange Woche gewesen, und ich wollte einfach nur nach Hause, meine Füße hochlegen und mit meinen Eltern und meinen Kindern zusammen sein. Aber als ich das Gebäude verließ, entschied ich aus einer Laune heraus, kurz bei *Peggy's* vorbeizuschauen.

Ich betrat die Bar und da saß, inmitten einer Gruppe von Leuten, Jerry Sheindlin, jedermann ergötzend mit seiner farbenprächtigen Erzählung seines glanzvollen Sieges vor Gericht an jenem Tag. Alle meine Freunde standen um ihn herum, seine haarkleine Beschreibung des Falles genießend, den er gewonnen hatte. Jerry war ein großartiger Geschichtenerzähler; er ist es immer noch.

Dieser Mann bewegte auf den ersten Blick etwas in mir. Ich wollte ihn kennen lernen. Also ging ich, in meiner typisch feinfühligen Art, hinüber, wo er saß, und stach ihm meinen Finger ins Gesicht, mich an einen meiner Freunde wendend mit der Frage: „Wer ist das?"

Plötzlich fühlte ich meinen Finger von Jerrys warmer Hand umschlossen. Unsere Blicke trafen sich. Die ersten Worte, die er jemals an mich richtete, sind bemerkenswert. „Nehmen Sie Ihren Finger aus meinem Gesicht, Lady!", sagte er. Und von da an war ich mit ihm zusammen.

Abgesehen von unserer Scheidung.

Liebe und Heirat

Jerry und ich waren zwölf Jahre verheiratet, als mein Vater unerwartet im Alter von 70 Jahren starb. Meine Mutter war bereits zehn Jahre vorher an Krebs gestorben, und von da an war ich eine Waise. Innerhalb eines Jahres nach dem Tod meines Vaters waren Jerry und ich geschieden.

Ich habe viel darüber nachgedacht, was unsere Ehe auseinander gebracht hat, trotzdem wir uns liebten. Nach Jahren des Nachdenkens glaube ich, ich habe jetzt verstanden, was passierte. Jerry brachte drei Kinder mit in die Ehe und gewisse Schuldgefühle, nicht genügend Zeit für sie zu haben, obwohl die Kinder viel Zeit mit uns verbrachten. Als wir uns das erste Mal trafen, machte er mir sehr deutlich, dass seine Hauptverantwortung seinen Kindern gehöre. Frauen möchten gern das Gefühl haben, sie seien die wichtigste Angelegenheit im Leben ihrer Ehemänner. Unsere Abmachung war für mich aber in Ordnung, da ich alle weiteren Streicheleinheiten, die ich brauchte, von meinem Vater bekam. Es war der Bonus dafür, dass ich seine einzige Tochter war, sein erstes und einziges kleines Mädchen. Er war immer für mich da als Stütze in guten wie in schlechten Zeiten. Er schenkte mir seine bedingungslose Liebe und das gab mir Sicherheit. Sein Tod war für mich niederschmetternd. Und meine Reaktion war drastisch. Ich entschied mich, die Spielregeln unserer Ehe zu verändern. Alles, was zuvor akzeptabel war, wurde jetzt inakzeptabel. Ich wollte von Jerry umsorgt werden. Ich wollte, dass er sich ebenso fürsorglich um meine Gefühle kümmerte, wie ich immer um seine besorgt war. Ich wollte, dass er sich änderte und mir zeigte, dass er mich ebenso liebte wie seine Kinder. Er sollte sich mit derselben Leichtigkeit an meinen Geburtstag erinnern wie an Fußballergebnisse. Er sollte sich an unseren Jahrestag erinnern mit demselben perfekten Erinnerungsvermögen, das er bei jedem seiner Fälle an den Tag legte. Ich wollte, dass er alle paar Jahre am Valentinstag ein romantisches Dinner in einem schicken Restaurant organisierte. Es war nicht mehr in Ordnung, dass er mir eine Woche nach meinem Geburtstag ein nachträgliches Geburtstagsgeschenk in die Hand drückte oder Blumenbouquets einen Tag nach unserem Jahrestag. Er war in der Lage, sich alle Kindergeburtstage zu merken; warum konnte er sich nicht an meinen erinnern? Ich war eifersüchtig. Ich verlangte mehr Aufmerksamkeit.

Es war Krieg. Krieg ist die Hölle. Wir waren beide sehr schnell sehr unglücklich. Ich war unbarmherzig, und Jerry war wütend. Ich hatte ohne Vorwarnung nach zwölf Jahren die Spielregeln verändert. Ist es nicht erstaunlich, dass ich Ihnen das jetzt alles erklären kann; als ich aber noch mitten drinsteckte, hätte ich Ihnen kaum erzählen können, was passierte. Es war ganz klar ein Fehler von mir, ihm eine Liste mit meinen neu überdachten Bedürfnissen zu präsentieren. Seine Reaktion war verständlich. „Du hast die Spielregeln geändert, ich will aber nicht mitspielen."

Wir trennten uns – und wir wurden geschieden. Es war nie wirklich ein Problem, dass wir nicht miteinander gesprochen oder uns nicht gesehen hätten, da wir Kinder hatten, die zu der Zeit schon selbst Kinder bekamen. Wir reisten zusammen nach Massachusetts zur Geburt unseres zweiten Enkelkindes. Jerry jedoch war wütend auf mich, da er glaubte, ich hätte die Familie zerstört. Und in Wahrheit klappte bei ihm alles nicht so besonders gut ohne mich. Ich managte so vieles von dem alltäglichen Kram eines jeden Paares für ihn – die Wäsche, seine Hemden, Reinigung, soziale Termine und Arzttermine – Sie verstehen schon.

Die ersten sechs Monate nach der Trennung genoss ich all die Dinge, die mir gefehlt hatten. Ich sah mir im Kino nur die Filme an, die ich sehen wollte – nicht einen einzigen Kriegsfilm, die Jerry so mochte. Ich ging zur Gymnastik, wann es mir passte. Ich ließ mich maniküren, wann ich Lust dazu hatte. Ich tat, was ich wollte und wann ich wollte. Ich sah alle Kinder regelmäßig. Schließlich hatte ich sogar ab und an ein Rendezvous. Mir wurde klar, dass ich auch ganz gut allein zurechtkam. Die Frage war bloß, wollte ich das auch?

Andere Männer ließen mich kalt. Sie hatten alle ihre festgefahrene Routine – jeder Kerl hatte seinen persönlichen Tick.

Jerry hatte zumindest Haare auf dem Kopf.

Mir ging der Gedanke durch den Kopf, dass ich wohl viel zu viel von Jerry verlangt hatte. Ich musste einigen harten Wahrheiten über mich selbst ins Gesicht schauen – meinem Wunsch, bedingungslos geliebt zu werden, und der schweren Last meiner Forderungen, die ich ihm aufgebürdet hatte.

Frauen sind Pflegerinnen, Männer sind Krieger. Ich benötigte aber besondere Pflege. Sag mir nicht einfach, dass du mich liebst. Zeig es mir! Aber Jerry war Jerry. Es gab bei ihm gewisse Dinge, die sich nie ändern würden. Die Sache war die – würde es mir reichen, wenn ich wüsste, dass er es versuchte, dass er schuftete wie ein Ochse? Und dann war da dieses nicht greifbare Etwas, dass ich immer noch für ihn empfand, genauso wie das erste Mal, als ich ihn zu Gesicht bekam. Jerry hat dieses gewisse Etwas; er hat Feuer. Er ist ein liebevoller Vater und Großvater, und er hat so viel Sinn für Humor. Er konnte nicht anders. Ich liebe ihn und ich weiß, er liebt mich. Wir heirateten wieder innerhalb eines Jahres.

Es gibt Zeiten, da ist es besser nachzugeben, und Zeiten, da sollte man sich nicht beugen. Sie müssen das tun, was Sie glücklich macht, aber ich musste auf die harte Tour lernen, dass manchmal nicht das glücklich macht, was man denkt. Sie müssen Abstand zu Ihren Gefühlen gewinnen und entscheiden, was wichtiger ist.

Noch ein Wort zu unserer zweiten Hochzeit. Wir wurden in den Räumen von Jerrys früherem Anwaltspartner getraut, der jetzt Richter ist. Als Jerrys Freund den Punkt in der Zeremonie erreichte, wo er mich fragte, ob ich zu Jerry halten würde, in guten wie in schlechten Tagen, unterbrach ich ihn kühl, sah Jerry tief in die Augen und sagte: „Ich nehme dich für die guten Tage oder vergiss es!“

Er glaubte mir.

2 Was aufsteigt, muss wieder herunterkommen

Mein Vater erzählte gern einen Witz über einen kleinen Jungen und ein kleines Mädchen.

JUNGE: „Ich kann einen Baseball 100 Yards weit werfen!"
MÄDCHEN: „Nun ja, meine Mutter sagt, ich kann ein Abendessen genauso gut kochen wie eine Erwachsene."
JUNGE: „Das ist noch gar nichts! Ich kann 25 Pfund heben."
MÄDCHEN: „Meine Mama sagt, ich bin die beste Stepptänzerin, die sie je gesehen hat."
JUNGE: (auf seine Genitalien zeigend) „Mein Papa sagt, ich bin besser, weil ich einen von denen da habe."
MÄDCHEN: (auf ihre Genitalien zeigend) „Nun ja, Mama sagt, ich habe eins von denen, und damit kann ich so viele von den anderen haben, wie ich will."

Der Witz ist inzwischen schon etwas veraltet, aber er war nett gemeint. Wenn ich heute darüber nachdenke, fällt mir auf, wie viele Mädchen und Frauen es gibt, die glauben, sie hätten Macht, wenn sie so viele von den „anderen" kriegen, wie sie nur können. Lassen Sie sich etwas gesagt sein: Das ist eine Lüge. Sex zu benutzen, um einen Mann zu bekommen, gibt keine Macht – und wahrscheinlich befriedigt es Sie auch nicht sonderlich. Wenn Sie das bezweifeln, fragen Sie sich einmal Folgendes: Wie viel Macht hat eine junge Frau wie Monica Lewinsky aus ihrer Affäre mit dem Präsidenten der Vereinigten Staaten gewonnen?

Hat sie jetzt mehr Auswahlmöglichkeiten oder hat sie weniger?

Hat sie nun mehr legitime Chancen oder lediglich die Schande?

Fühlt sie sich wohler in ihrer Haut oder geht es ihr schlechter?

Ist sie glücklicher und zuversichtlicher oder trauriger und verwirrter?

Ich denke, die Antwort ist klar.

Ich habe oft die Klage gehört: „Männer benutzen Sex, um Frauen unter Kontrolle zu halten.“ Ich glaube nicht, dass das stimmt. Vielmehr lassen Frauen sich selbst unter Kontrolle halten von ihrem Wunsch zu gefallen, keine Wellen zu schlagen, Konfrontationen zu vermeiden, die Dinge für Männer einfach und bequem zu machen, beliebter und sozial angesehen zu sein, finanziell unterstützt zu werden – die Liste ließe sich fortführen. Wenn Sie das nächste Mal versucht sind, Männer der sexuellen Kontrolle zu bezichtigen, denken Sie daran.

Ich muss trotzdem zugeben, es ist für Frauen sehr leicht, Männern etwas zu bieten, wenn es zum Sex kommt. Für sehr viele Männer kann ihr sexuelles Draufgängertum und ihre sichtbare Männlichkeit das Alles oder Nichts ihrer Existenz bedeuten.

Der phallische Trugschluss

Kurz nachdem Pharmafirma Pfizer die Potenzpille Viagra® für den Mann vorstellte, war ich Gast in der Talkshow Larry King Live. Natürlich wollte Larry wissen, was ich darüber dächte. Ich war amüsiert. Er wollte meine Meinung? Natürlich war ich keine Expertin für männliche Sexualprobleme, aber Larry nahm an – völlig korrekt –, dass ich eine Meinung dazu hätte. Zu meiner Verteidigung muss ich sagen, er stellte schließlich diese Frage.

Ich sagte: „Ich bin überrascht, dass dieser ganze Wirbel um eine Pille für eine Hand voll impotenter Kerle gemacht wird."

Larrys Markenzeichen ist es, schwer von Begriff zu wirken. „Eine Hand voll Kerle? Mir kam zu Ohren, es wären 270.000 Rezepte für Viagra in der ersten Woche, als es auf den Markt kam, ausgestellt worden."

„Larry", sagte ich, „es wurden nicht 270.000 Rezepte für 270.000 impotente Männer ausgestellt. Diese Rezepte wurden Männern verordnet, die sich einen zusätzlichen Auftrieb erhoffen. Sie denken rein rational: ‚Gut, wenn ich etwas zusätzlich bekomme, dann kriegt sie auch etwas mehr.' Das nenne ich den phallischen Trugschluss."

Am Tag nach der Show sagte die Hälfte der Freunde, die mich anrief: „So ist es recht." Die andere Hälfte erwähnte meine Bemerkung gar nicht, was mich nicht weiter überraschte. Auf der Skala der schmutzigen, kleinen Geheimnisse, über die Frauen nicht reden, rangiert Sex ganz oben.

Sehen sie, die meisten Frauen wissen, ob sie es zugeben wollen oder nicht, dass die meisten Männer glauben, sie bräuchten nur eine Erektion zu haben, um eine Frau zu befriedigen. Sie halten Viagra für den Heiligen Gral.

Ich spreche natürlich nicht von den wirklichen Fällen von Impotenz. Die sind aber auch nicht der Grund für die ganze Aufregung. Männer denken, die Steigerung ihres eigenen sexuellen Vergnügens würde auch auf ihre Partnerinnen abfärben. Ein Grund mehr, das Vorspiel zu überspringen.

Männer sollten vorsichtig mit ihren Wünschen sein, was technologische Wunder betrifft. Ich habe gehört, dank der Fortschritte moderner Technologie seien Männer praktisch ersetzbar. Es gibt Befruchtung im Reagenzglas. Es gibt Vibratoren. Und schließlich wurden auch schon Koffer auf Rollen erfunden.

Das ist mein Beitrag zu Viagra – nur noch eines will ich dazu sagen:

Ein Heilmittel gegen ...?

Wie viel Geld wurde in die Entwicklung von Viagra gesteckt? Mehrere Millionen Dollar? Frei wiedergegeben, was einer der Wissenschaftler auf diese Frage in einem Interview sagte: „Nein, nein. Eigentlich testeten wir das Medikament Viagra zur Behandlung von Bluthochdruck und dabei fiel uns auf, dass der Wirkstoff als Nebenwirkung spontan Erektionen hervorrief. Auch andauernd, mit einer kürzeren Erholungsphase. Halleluja! Was sonst konnten wir denken?“

Was ist die größte Bedrohung für die Menschheit, der wir gegenüberstehen – abgesehen von uns selbst? Welche Krankheit ist der größte Killer? Ein Mangel an Erektionen?

Krebs. Herzkrankheiten. Lungenkrankheiten. Diabetes mellitus. Mukoviszidose. Multiple Sklerose. AIDS. Woher kam das Geld, um die Verbesserung von Erektionen zu finanzieren?

„Er versucht es ...“

Zurück also zum schmutzigen, kleinen Geheimnis. Oft schlafen Männer und Frauen miteinander aus völlig verschiedenen Gründen. Frauen wollen Sex, weil es ein schönes Gefühl ist, warm, liebevoll und intim. Männer wollen Sex als Zweckerfüllung. Um Freud zu zitieren: „Manchmal ist eine Zigarre nur eine Zigarre.“

Männer müssen nicht erst in der Stimmung dafür sein. Sie können bereit sein loszulegen, während sie noch herumstehen mit einer Tasse Kaffee, an einem halb verzehrten Stück Toast kauend. Männer können aus dem Nichts erregt sein, in der

Zeitspanne, die Sie brauchen, um diese Zeilen zu lesen. Frauen brauchen die richtige Stimmung, um befriedigt zu sein. Wenn Sie vor Wut und Frust über etwas anderes kochen, was Ihr Gatte getan hat, obwohl Sie ihn extra gebeten haben, es nicht zu tun, wenn die Kinder im Hintergrund plärren, wenn der Klempner in zehn Minuten auftauchen soll, um eine undichte Stelle zu reparieren, dann ist die Stimmung hin. Oh, und es hilft zu wissen, dass Ihr Gatte die Absicht hat, Ihren Orgasmus irgendwo in unmittelbarer Nähe seines eigenen sicherzustellen – oder zumindest noch in derselben Sitzung.

Frage ich Frauen nach ihren Erfahrungen mit Sex, so höre ich dauernd einen Satz wieder – meist geäußert mit leidgeprüftem, zärtlichem Verständnis:

„Er versucht es ...“

Er versucht es? Was soll das heißen? Und die Frauen verfallen in entschuldigende Erklärungen, wie schwer es für ihre Ehemänner sei, sie in die richtige Stimmung zu bringen, sie zu erregen und ihnen Vergnügen zu bereiten.

Ich kann mir nicht helfen, ich muss mir die umgekehrte Situation vorstellen. Wie, denken Sie, würde ein Mann reagieren, wenn eine Frau, einmal befriedigt, sich umdrehen und zu schnarchen beginnen würde, bevor er einen Orgasmus hatte? Würde er zärtlich sagen: „Nun ja, sie hat es versucht?“ Nicht in einer Million Jahren.

Hier also wieder die grundsätzliche Ungerechtigkeit: Männer können Sex haben, ob sie glücklich oder abgedreht sind; sie können Sex nach einem Streit um Geld haben oder einer Auseinandersetzung um die Kinder. Männer können Sex haben, ob sie müde oder krank sind und wenn sie schon Tage kein Bad mehr genommen haben. Es macht ihnen nichts aus.

Frauen? Man kann eine Frau nicht den einen Moment anbrüllen und im nächsten mit ihr schlafen und dann erwarten, dass sie irgendwie Vergnügen daran hätte. Man kann eine Frau nicht um Mitternacht rumkriegen und sofort die richtige Stimmung erwarten, wenn sie seit fünf Uhr morgens auf den Beinen war, beschäftigt mit all den Dingen, die das Leben in einem Haushalt in Gang halten. So klappt das nicht.

Das ist der Grund, warum Frauen letztlich Sex nicht so viel Vergnügen bereitet wie Männern. Männer lassen sich jederzeit gehen. Frauen – na ja, es kommt darauf an.

Eine Geschichte: Es war ein intimer, sexueller Augenblick. Er fragte atemlos: „Jetzt?"

„Nein", antwortete sie. In einer Millisekunde war alles vorbei und sie seufzte. „Was hast du am Nein nicht verstanden?"

Sex und Teenager

Wir leben in einer vom Sex besessenen Kultur, also sollte es uns nicht überraschen, dass so viele Teenager sexuell aktiv sind. Was können wir anderes erwarten, wenn wir sie ständig mit einem Medienbrei aus ausgehungerten Typen und liebestollen Puppen füttern? Kinder haben einen sehr guten Instinkt für Bockmist und sie haben herausgefunden, dass unser ganzes Gerede über einfach Nein sagen und sich selbst für die Ehe bewahren nicht in Einklang zu bringen ist mit unserem tatsächlichen Leben. Also wie überzeugen wir unsere Töchter davon, dass sie keinen Sex haben sollten, nachdem wir dieses Dilemma angerichtet haben?

Wir können mit unseren Töchtern über Moral reden. Wir können ihnen erklären, was richtig ist. Wir können von Verantwortung sprechen. All das sind sehr wichtige Botschaften. Aber was wir unseren Töchtern wirklich ganz deutlich machen müssen, ist meiner Meinung nach, dass Sex für ein Mädchen dumm ist.

Sogar die angesehenste Sexualexpertin, Dr. Ruth Westheimer, müsste dem zustimmen, dass ein 15-jähriger Junge weder Zeit, Mühe noch Energie aufwenden würde – noch hätte er das Wissen –, um eine Sexualpartnerin zu befriedigen. Er kann sich selbst befriedigen; er hat darin Übung gehabt. Aber eine Partnerin? Niemals.

Mädchen müssen sich darüber im Klaren sein, dass das, was sie von Sex haben werden, wahrscheinlich nicht Vergnügen sein wird. Es ist ganz sicher nicht Liebe. Was sie bekommen, in den meisten Fällen, ist soziale Akzeptanz, ein Samstagsabend-Rendezvous, die Chance, Mitglied einer populären Clique zu sein.

Vielleicht bekommen sie auch eine durch Sex übertragbare Krankheit. Oder sie werden schwanger. Und dann wird ihr ganzes Leben für immer verändert sein – und nicht zum Besseren. Ist das fair? Vielleicht nicht, aber es ist eine Tatsache.

Ich habe immer schon gesagt, die Madison Avenue[2] ist sehr einflussreich. Sie können sich stark machen für Sicherheit; sie können Leute überzeugen, nicht zu rauchen und zu trinken. Warum kann die Madison Avenue nicht auf eine Art, die ankommt, sagen, Sex sei für junge Mädchen dumm?

Übrigens bin ich nicht dafür, dass in Schulen Möglichkeiten zur Babybetreuung eingerichtet werden, damit jugendliche Mütter weiter zur Schule gehen können. Ich bekomme sicherlich viel Kritik dafür, weil wir alle für die Schulbildung von Mädchen sind, auch wenn sie schwanger sind. Hier mein Argument: Haben wir es einmal leicht, normal und akzeptabel gemacht, eine jugendliche Mutter zu sein, haben wir den Kampf verloren. Ich habe eine bessere Idee: Machen wir doch unseren Töchtern klar, dass es die dümmste Aussage ist, die je geäußert wurde, wenn ein Junge sagt: „Zeig mir, dass du mich

---

2 Str. in N. Y., wo v.a. Werbebranche angesiedelt ist (Anm. d. Ü.)

liebst, bekomme mein Baby." Und es wäre wirklich beschämend, wenn sie diesen pathetischen Spruch für bare Münze nehmen würden. Fragen wir uns selbst, was wir tun können, um zu garantieren, dass unsere Töchter die Wahrheit über Sex kennen, bevor sie überhaupt die Pubertät erreicht haben. „Sag einfach Nein" funktioniert nicht immer. Manchmal ist es tatsächlich so, dass Neugier ein Risiko bedeutet.

Der moralische Ausgleich

Weil wir beim Thema „Sex" sind, möchte ich ein paar Worte zu unserem momentanen moralischen Klima sagen. Ich möchte Sie daran erinnern, dass ich nicht glaube, Moral und Sex seien Synonyme. Ich habe, auf der Richterbank sitzend, zu viele Beispiele von Unmoral gesehen, die nichts mit Sex zu tun hatten – wie ein Elternteil, der ein Kind missbraucht oder eine cracksüchtige Mutter, die ein Baby zur Welt bringt. Heutzutage scheinen sich Diskussionen über Moral normalerweise auf Sex zu konzentrieren. Und schon allein auf diesem Gebiet bin ich ganz sicher, ist die Grenze zwischen richtig und falsch verschwommen.

Kürzlich sah ich eine Fernsehbiografie über Loretta Young, die sich mit der Vermutung befasste, Loretta habe von Clark Gable ein Kind bekommen. Was mich überraschte, war der komplizierte Plan, mit dem sie diese Tatsache angeblich vor der Welt verheimlichte. Zu jener Zeit war ein uneheliches Kind für einen Filmstar genug, um ihre Karriere zu zerstören. Und die Filmstudios waren eifrige Komplizen und spendeten viel Geld, um sicherzustellen, dass die Wahrheit niemals ans Licht kam.

Heute ist das ganz anders. Filmstars, unsere Helden, sind oft mit zwei oder drei Kindern zu sehen ohne den Vorteil einer

Ehe und fast gewohnheitsmäßig wandernd von Ehemann zu Ehemann. Niemand zuckt mit der Wimper; tatsächlich fördert es fast ihre Karrieren.

Ich finde, das ist ein mieses Verhalten für Helden. Aber ich bin auch realistisch. Ich weiß, dass sich einige Dinge entwikkelt und die Zeiten sich geändert haben.

Jerry und ich waren unzertrennlich für eineinhalb Jahre, als ich entschied, es sei an der Zeit für ihn, eine Verpflichtung einzugehen. Er war mit dem Status quo nicht unzufrieden, aber ganz glücklich darüber, mir näher zu rücken (so konnte er sich nächtliches Herumreisen sparen).

Ich sagte: „Heirat, nicht Zusammenleben."

Er sagte: „Es ist nur ein Stück Papier. Warum sollen wir den Staat unsere Lebensformen kontrollieren lassen?", und andere bekannte Argumente von der männlichen Front. Er führte auch an, dass ich 32 Jahre alt wäre, zwei Kinder hätte und niemand Anstoß nehmen würde an einer unehelichen Lebensgemeinschaft.

Wie kontern? Da musst du schnell schalten, Mädchen.

Jerry bewunderte meinen Vater. Er wusste auch, mein Vater würde jeden umbringen, der mich verletzen würde. Also sagte ich: „Zusammenleben ist für mich in Ordnung, wenn es auch für meinen Vater in Ordnung ist. Du fragst ihn."

Drei Monate später heirateten wir. Das war's also. Es ist noch nicht lange her, da meine Tochter sich verlobte und mit ihrem Zukünftigen zusammenlebte. Sie planten, zwei Wochen vor der Hochzeit nach New York zu kommen, um ihre Eheerlaubnis abzuholen und ein paar Tage mit uns zu verbringen. Am Tag vor ihrer Ankunft fragte Jerry: „Wollen sie im selben Zimmer schlafen?"

„Jerry", antwortete ich, „sie leben schon seit einem Jahr zusammen."

Er zeigte seine Zähne: „Sie sind nicht verheiratet. Sie werden in meinem Haus nicht zusammen schlafen."

Ich konnte die Sturmwolken heraufziehen sehen, die einen großen Streit ankündigten, deshalb nahm ich also die Kinder leise beiseite, als sie ankamen. „Sieh mal", sagte ich zu meiner Tochter: „Du kennst Jerry. Er ist altmodisch. Er will nicht, dass ihr im Haus zusammen schlaft. Ihr könnt also wählen. Ihr könnt in ein Hotel gehen oder ich kann euch sofort trauen."

Und so kam es, dass ich an einem Samstagnachmittag meine Robe über T-Shirt und Shorts streifte, einen Nachbarn bat, als Zeuge zu fungieren, und sie verheiratete. „Da", sagte ich zu Jerry. „Sie sind Mann und Frau. Sie können zusammen schlafen."

Es sind ein paar Jahre vergangen, heute leben alle Kinder zusammen und wir akzeptieren das mehr oder weniger. Ist es eine gute Sache? Es ist wahrscheinlich keine so schlechte Idee, wenn sie sich gegenseitig emotional festlegen. Es ist eine andere Geschichte, wenn Leute von Bett zu Bett hüpfen, Partner nach Laune wechseln und Babys bekommen, ohne sich zu kümmern, ob da ein Vater in der Nähe ist.

Wir können den hilfreichen Geist nicht wieder in die Flasche stecken und uns wünschen, die Leute würden sich wieder wie vor dreißig Jahren benehmen (oder zumindest sich zu benehmen scheinen). Was wir tun können ist, unseren Kindern den Wert der Verantwortung und die Bedeutung von Respekt beizubringen, sich selbst und ihren Partnern gegenüber.

3 Verleugnung ist ein Fluss in Ägypten

Was ist Verleugnung? Verleugnung ist, wenn Ihr Verlobter Sie bittet, ihm das Geld für Ihren Verlobungsring zu leihen, und Sie es ihm geben.

Verleugnung ist, wenn Sie Ihrem verheirateten Liebhaber glauben, wenn er sagt: „Meine Frau und ich hatten schon seit acht Jahren keinen Sex mehr“, obwohl sie ein zweijähriges Kind haben.

Verleugnung ist, wenn Sie denken, Sie würden Ihre Karriere voranbringen, indem Sie stundenlang arbeiten für wenig Geld, während Ihr Chef den Vorteil aus all Ihren guten Ideen zieht. Verleugnung ist, wenn der Mann, den Sie lieben, Ihnen mitteilt, dass er keine Kinder haben will, Sie ihn aber trotzdem heiraten, weil Sie einfach wissen, er wird irgendwann seine Meinung ändern.

Verleugnung ist, wenn Sie glauben, Ihre erwachsenen Kinder und deren Gatten würden es begrüßen, dass Sie ihnen in allem Vorschriften machen, von wo sie leben bis zu was sie essen sollten.

Verleugnung ist, wenn Sie ein Kleid zwei Nummern zu klein kaufen, weil Sie planen abzunehmen.

Verleugnung ist zu glauben, ein Baby würde Ihre wackelige Ehe festigen.

Verleugnung ist zu glauben, er könnte Ihnen seine Telefonnummer oder Adresse nicht geben und sie nicht an Wochenenden oder Feiertagen sehen, weil er ein Geheimagent des CIA sei.

Verleugnung ist, Entschuldigungen zu suchen: „ Er hat nur ein Mal gelogen."

Verleugnung ist zu sagen: „Er nimmt nur ein ganz bisschen Kokain."

Verleugnung ist zu sagen: „Er versucht es."

Verleugnung ist zu sagen: „Er hat mich nur ein Mal geschlagen."

Verleugnung ist zu glauben, er würde Sie am nächsten Morgen respektieren.

Verleugnung ist ein heimtückisches Leiden. Es beginnt, wenn Sie jung sind, und schlägt Wurzeln, wenn Sie es zulassen. Anfangs bettet Sie der Zustand der Verleugnung noch komfortabel – was Sie nicht sehen, kann Sie nicht verletzen. Mit der Zeit sickert aber die Realität durch die Mauern, und es fühlt sich an wie ein Schlag auf die Zähne. Wenn Sie jemals eines Morgens aufgewacht sind und sich gefragt haben: „Wie konnte ich nur so blind sein?", dann wissen Sie, wovon ich rede.

Was wir aus Liebe tun

Wie viele Männer kennen Sie, die einen phantastischen Job aufgeben würden, um einer Frau durch das halbe Land zu folgen? Keinen. Aber Frauen tun das ständig. Ich weiß das, da ich es selbst getan habe. In meinem ersten Studienjahr Jura besuchte ich das Washington College of Law der American University in Washington, D.C. Es waren in jenem Jahr 126 Studenten in meiner Eintrittsklasse, und ich war die einzige Frau.

Ich liebte das Jurastudium. Am Ende des ersten Jahres versetzte mich meine durchschnittlich erreichte Punktzahl auf den ersten Platz in der Klasse. Ich wusste, mir würde eine strahlende Zukunft bevorstehen. Ich war von Jura besessen und ich genoss den Respekt, der mir von den Dozenten und Kommilitonen entgegengebracht wurde.

Zu jener Zeit begegnete ich meinem ersten Ehemann, der in New York lebte. Er war bereits Anwalt und arbeitete für wenig Geld bei einer Gesellschaft für Rechtsbeistand. Er machte mir einen Heiratsantrag während meines ersten Studienjahres und, mit Sternen in meinen Augen, sagte ich Ja. Es stand außer Frage, dass ich stillschweigend damit einverstanden war, an eine juristische Fakultät in New York zu wechseln, wenn ich seinen Antrag annahm, da er dort arbeitete. Ich wechselte also, und der Rest meiner Karriere im Jurastudium war wenig bemerkenswert.

Ich spreche also aus Erfahrung, wenn ich behaupte, Frauen würden Dummheiten machen. Rückblickend gesehen, war es für mich eine Dummheit, eine juristische Fakultät zu verlassen, wo ich die Nummer eins in meiner Klasse war. Denken Sie an die Möglichkeiten, die ich nicht einmal in Betracht zog. Ich hätte mit dem Heiraten warten können, bis ich mein Jurastudium beendet hatte. Oder mein Ehemann hätte eine vergleichbare Position in Washington, D.C. annehmen können. (Sehen wir der Tatsache doch ins Auge, Anwälte sind nicht so furchtbar scharf darauf, bei einer Gesellschaft für Rechtsbeistand zu arbeiten.) Aber keiner von uns beiden hat auch nur einen Gedanken an solche Möglichkeiten verschwendet. Ich habe mich automatisch meinem neuen Ehemann gefügt, unbewusst und ohne Fragen zu stellen.

Für viele Paare herrscht heute mehr Gleichberechtigung, aber für die große Mehrheit ist es heute wahrscheinlich mehr oder weniger immer noch so. Ich habe mich oft gefragt, wie mein Leben verlaufen wäre, hätte ich mein Jurastudium in Washington, D.C. an der Spitze meiner Klasse beendet und graduiert. Wäre ich zur Generalstaatsanwaltschaft oder zum

Justizministerium gegangen – die Positionen, die für die Topabsolventen der juristischen Fakultät in Washington vorgesehen sind? Wie anders hätte mein ganzes Leben sein können?

Natürlich ist es sinnlos, ins Spekulieren zu geraten, wenn man anfängt, die Möglichkeiten und die nicht gewählten Wege im Leben durchzuspielen. Vielleicht war es gut für mich. Aus dieser Abmachung habe ich zwei wundervolle Kinder gewonnen. Als ich aufwuchs, dachte ich, oh Gott, dass wäre wirklich dämlich. Ich meine, nicht mal darüber zu diskutieren, was auf lange Sicht das Beste für unser beider Karrieren und Leben wäre. Stattdessen eignete ich mir das einfach nur an und zog zurück nach New York, um mit meinem neuen Ehemann zusammen zu sein – ohne eine Frage! Es überrascht mich immer noch, dass ich das tat.

Wann sind Sie am Ende Ihrer Kräfte?

Für Männer ist es sehr viel unwahrscheinlicher, dass sie in einer nicht tolerierbaren Situation verharren als für Frauen. Bleiben sie in einer schlechten Ehe „wegen der Kinder“, dann heißt das, sie werden woanders zufrieden gestellt. Es muss nicht notwendigerweise eine Sexaffäre dahinter stecken. Sie stecken ihre Energien vielleicht nur in ihre Arbeit, ihr Golfspiel, in alles, sind überall, nur nicht zu Hause. Frauen werden aus einer Unzahl von Gründen in nicht tolerierbaren Situationen verharren, vor allem aber, weil sie fürchten, allein gelassen zu werden. Fehlt der emotionale Kern einer Beziehung, haben die meisten Frauen das Gefühl, sehr wenig bis gar nichts zu haben. Sogar wenn die Beziehung vielleicht in anderer Hinsicht viele Ebenen von Bequemlichkeit und Sicherheit bietet, finanziell usw., verkümmert alles andere und scheint grau ohne das emotionale Element. Und doch werden zu viele Frauen bleiben, wo sie sind, da sie im Grunde das Gefühl haben, jede irgendwie geartete Beziehung sei immer noch besser als gar keine. Allerdings ist es eine Tatsache, dass Frauen das Alleinsein weit besser überstehen als Männer. Männer, die ihr Leben lang verhätschelt wurden, müssen plötzlich Lebensmittel einkaufen gehen, ihre Wäsche waschen und hinter sich selbst herräumen. Das kann ein schrecklicher Schock sein. Die meisten Männer werden in einer Beziehung bleiben, wenn ihre Grundbedürfnisse befriedigt werden. Werden sie schön gefüttert, können sie alle Sportsendungen im Fernsehen anschauen, die sie wollen, und bekommen sie gelegentlich mal Sex, dann werden sie für immer bleiben. Die Wahrheit ist – was Männer wirklich wünschen, ist jemand, der sich um sie kümmert. Ist das geschafft, werden all die Ärgernisse nebenbei, Frustrationen, Wutausbrüche und Enttäuschungen zum bloßen Hundegebell. Sie akzeptieren es – meckernd. Essen, saubere Klamotten, Fernsehen, ein tolerierbares Quantum Gemecker, Essen, Fernsehen, Sex – und Sie haben einen Mann für immer. Aber was ist mit Ihnen? Sprechen wir mal über Ihr Glück. Wenn Sie erwarten, in irgendeiner Beziehung 100 Prozent der Zeit glücklich sein zu können – träumen Sie weiter. Eine etwas realistischere Erwartung bewegt sich in der Gegend um 51 Prozent Glück, 49 Prozent Stress.

Können Sie in einer Beziehung mehr als die Hälfte der Zeit über glücklich sein, dann bewegen Sie sich wahrscheinlich weit über dem Durchschnitt.

Glauben Sie jedoch, Ihre Beziehung würde nicht funktionieren, und denken Sie also darüber nach, sie zu beenden, bleiben Sie auch realistisch. Sie müssen sagen: „Ich werde allein glücklicher sein." Stellen Sie sicher, dass Sie das auch wirklich meinen und nicht: „Ich werde mit jemand anderem glücklicher." Sind Sie wirklich unglücklich, so hoffen Sie lieber, dass

Sie die Selbstsicherheit und die Ressourcen haben, um da allein herauszukommen.

Wenn Sie eine Beziehung oder Ehe beenden wollen, sollten Sie das im Geist der Selbstachtung schaffen. Beklagen Sie, Ihr Ehemann sei nicht so wundervoll, wie ein anderer Mann sein könnte, dann stecken Sie in der gleichen Tretmühle.

Leere Drohungen

Wenn der Mann, mit dem Sie zusammen sind, sich von Ihren Leistungen und Fähigkeiten bedroht fühlt, machen Sie Schluss. Er wird sich nicht um 180 Grad drehen und Sie plötzlich unterstützen. Es ist unwahrscheinlich, dass er sich ändern wird. Eher im Gegenteil. Unsichere Männer werden alles nur Erdenkliche tun, um Sie herunterzuholen – vor allem, wenn Sie sie mit Ihrer Intelligenz und Ihrem Erfolg bedrohen.

Ich treibe viele Späße mit meinem Mann in diesem Buch, aber wir lieben uns. Er hat seine wahre Freude an meinem Erfolg und an seinem. Er könnte nicht glücklicher über meine neue Fernsehkarriere sein. Jerry ist Richter am Höchsten Gericht des Bezirks Bronx, New York City. Er hat mit schweren Fällen zu tun – Mord, Vergewaltigung, Raub –, den schlimmsten. Er ist ein harter, fairer und ehrlicher Mann und er erlaubt keine Händel in seinem Gerichtssaal. Zufällig ist er auch ein wunderbarer Lehrer, und so besuchten im Lauf der Jahre viele Klassen der Junior Highschool und der Highschool seinen Gerichtssaal und verfolgten die unterschiedlichen Verfahren. Jerry trifft sich mit ihnen in der Mittagspause im Gerichtssaal, und sie diskutieren die Einzelheiten des Falles, den sie am Morgen miterlebt haben.

Kürzlich war es eine Klasse mit hauptsächlich Mädchen einer Junior Highschool, ungefähr ein Dutzend, die einem brutalen und komplexen Fall von Mord beiwohnten. In der Mittagspause erklärte Jerry ihnen geduldig die Einzelheiten des Falls und beschrieb, was sie diesen Vormittag mitverfolgt hatten. Schließlich sah er in die Runde und wollte wissen, ob es noch irgendwelche Fragen gäbe. Alle Hände schossen in die Höhe. Mensch, dachte Jerry, was für eifrige, interessierte Schüler! Er war beeindruckt. Er nickte einem dunkelhaarigen jungen Mädchen zu, das links von ihm stand, und bat sie, ihre Frage zu formulieren. Sie strahlte. Er hatte sie als Erste herausgepickt.

„Sind Sie wirklich *Richterin Judy*s Ehemann?“, fragte sie aufgeregt.

Jerry war anfangs überrascht. Er hatte das nicht erwartet, aber er hatte Sportsgeist. „Ja, das bin ich.“ Er lächelte. „Noch weitere Fragen?“ Noch mal ein Gewirr von Händen. Jerry deutete auf ein zweites Mädchen.

„Nimmt *Richterin Judy* ihre Fernsehshow in New York oder in Kalifornien auf?“, fragte sie ernst. Nun, da war es. „In Kalifornien. Sie nimmt ihre Show in Kalifornien auf“, antwortete er, ergeben in das Gewicht des historischen Imperativs und in die unerschrockene Neugier der Jugend. Am Ende baten ihn zwei Mädchen um ein Autogramm in ihre Notizbücher. Er war geschmeichelt und signierte sehr gern die Bücher der beiden. Aber als er die signierten Bücher an sie zurückgab, schienen die Mädchen unglücklich zu sein.

„Wo liegt das Problem?“, fragte er besorgt.

„Könnten Sie nicht einfach mit ‚*Richterin Judy*s Ehemann‘ unterschreiben?“, fragte eines der Mädchen.

Denken Sie an die Männer, die Sie kennen. Wie würden sie in einer ähnlichen Situation reagieren? Ich sage Ihnen, was Jerry tat. Er kam nach Hause und spielte die Szene für mich nach, bis wir beide lachten. Er ist mein bester Hurra-Rufer, mein größter Fan – und so war es immer. Er ist fähig, das zu tun, weil er auf festen Beinen steht und sich seiner selbst sicher ist. Jerrys Ego wird von meinem Erfolg nicht bedroht – es wird gestärkt.

Die Spielchen, die Leute so treiben

Jedes Paar entwickelt seine eigenen speziellen Marotten in einer Beziehung, da individuelle Persönlichkeiten und Werte aufeinander treffen, sich verbinden oder schließlich sogar verschmelzen. Leute haben schon wegen Eiswürfeln Schluss miteinander gemacht – wortwörtlich. Während meiner ersten Ehe trennte sich ein junges Paar, das im selben Apartmenthaus in Brooklyn lebte – wegen Eiswürfeln! Sie hatten den gleichen, eher kleinen Kühlschrank wie wir, mit dem gleichen kleinen Eisfach. Anscheinend taten beide in jedes Getränk Eiswürfel – und anscheinend tranken beide sehr viel Eistee. Der Zusammenstoß ereignete sich wegen des Nachfüllens der Eiswürfelboxen und des Organisierens von weiteren Tüten mit Eiswürfeln, damit immer ein reichlicher Vorrat vorhanden war. Sie war eine meisterhafte Nachfüllerin und Organisatorin von Vorräten an Eiswürfeln; er war ein meisterhafter Verbraucher von Eiswürfeln, ohne auch nur einen Gedanken an das Nachfüllen zu verschwenden.

Ich war wiederholt dabei, wenn sie wegen dieses Punktes zusammenstießen. Ich hörte sie manche Abende darüber streiten, wenn ich an ihrem Apartment vorbeikam auf meinem Weg von der juristischen Fakultät nach Hause. Schließlich kam mir in den Sinn, wenn sie ständig wegen dieses einen Themas stritten, was mussten da noch für weitere ungelöste Themen zwischen ihnen liegen? Es handelte sich wirklich um zwei verschiedene Arten, die Dinge zu sehen, zwei Menschen, unfähig des anderen Sinn für Werte zu sehen, und daher ging es natürlich um viel mehr als um Eiswürfel. Sie trennten sich innerhalb des ersten Jahres ihrer Ehe und wurden schließlich geschieden.

Schuhe verstecken

Eine wunderbare Physikerin, sehr erfolgreich, liebt es, Schuhe zu kaufen, aber ihr Mann, ebenfalls ein prominenter Physiker, geht jedes Mal in die Luft, wenn sie das tut. Eines Tages traf ich sie zufällig in einem Schuhgeschäft in der Innenstadt, wo sie eben ein Paar phantastischer neuer Schuhe erstanden hatte, und wir fingen an, über dies und das zu plaudern, und entdeckten, dass wir beide an jenem Abend dieselbe Wohltätigkeitsveranstaltung besuchen würden. Plötzlich sah sie beunruhigt aus. Sie neigte sich zu mir und sagte, fast flüsternd: „Sieh mal, Judy, wenn wir uns heute Abend treffen sollten, erwähne nicht, dass wir uns vorher hier schon über den Weg gelaufen sind, okay? Ich werde mit meinem Mann dort sein, und wenn er hört, dass ich neue Schuhe gekauft habe, wird das den ganzen Abend verderben. Er spielt verrückt, wenn ich neue Schuhe kaufe. Ich werf die Schachteln weg und stell sie einfach in meinen Schuhschrank, so merkt er das nie. Versprich es mir. Das bleibt unser kleines Geheimnis."

Was sollte ich tun, sie verpfeifen? Ich zeigte mich einverstanden. Natürlich würde ich ihr kleines Geheimnis für mich behalten. Aber dass sie es zuließ, eingeschüchtert und kontrolliert zu werden, machte mich wirklich wütend. Was soll das? Warum in aller Welt sollte eine erwachsene Frau, äußerst kompetent und mit einem eigenen Einkommen, Schuhe vor ihrem Ehemann verstecken?

Ich habe eine Freundin, die seit 35 Jahren verheiratet ist. Claire erhält immer noch wöchentliches Unterhaltsgeld von ihrem Mann. Unterhaltsgeld!

„Es ist doch komisch, nicht wahr Judy?“, sagte sie. „Ich kann unbegrenzt alle Kreditkarten benutzen, aber Herman besteht darauf, dass ich nicht mehr als 150 Dollar Bargeld jede Woche zur Verfügung habe.“

Diese Enthüllung kam eines Tages, als wir zusammen waren und Claire etwas bar bezahlen musste. Der Laden akzeptierte keine Kreditkarten. Sie war verlegen, tat es aber mit einem Achselzucken ab. „Herman, denke ich, ist bloß etwas schrullig, was Geld anbelangt.“

Er ist nicht schrullig. Er will sie kontrollieren, und Claire lässt zu, dass sie kontrolliert wird. Denken Sie daran, die Grundregeln, die zu Beginn einer Ehe festgelegt werden, lassen sich nur schwer wieder ändern.

Die Säuglingsformel

Das hier ist so klassisch, dass ich es die Säuglingsformel nenne. In wie vielen Ehen gibt es Frauen, die Babys bekommen, um die Beziehung zusammenzuhalten? Die Dinge laufen schlecht in ihrer Ehe – und was ist die Antwort darauf? Noch ein Baby, um sie zu kitten.

Kennen Sie dieses aufgeblähte, üble Gefühl nach einem schweren Essen?

Sie fühlen sich wirklich unwohl. Dann wird das Dessert gereicht, und Sie raffen sich wieder auf. Wenn Sie sich schon so mies fühlen, warum nicht ein großes Stück Kuchen essen? Das klingt idiotisch, nicht wahr? Glauben Sie mir, die Entscheidung für ein Baby, um eine miserable Ehe zu retten, ist auch nichts anderes.

Es ist besonders verrückt, wenn Sie bedenken, dass eines der Hauptelemente von Frust in den meisten Ehen die Kinderpflege ist. Die ständige Verantwortung, sich um die Kinder kümmern zu müssen, kann die Beziehung gefährden. „Seit wir Tatiana haben, schenkst du mir keinerlei Aufmerksamkeit mehr. Alles, worüber du dir Gedanken machst, ist sie! Was ist mit mir?“ Die Antwort auf dieses Problem? Noch ein Baby. Die Periode der Schwangerschaft ist meistens eine euphorische Zeit in einer Ehe. Das Pläneschmieden, die Aufregung und die Erwartung können etwas von der Leere auffüllen. Dann aber, zwangsläufig, ist das Baby da, und sie stecken genau wieder in der Flaute – zum zweiten Mal. Die Entscheidungen, die wir als junge Leute treffen, bleiben nicht ohne Konsequenzen. Haben Sie einmal ein Kind, so können Sie nicht sagen: „Ich werde jetzt weiterziehen und diesen Teil meines Lebens einfach zu den Akten legen.“ Glauben Sie mir, ich bin sehr dafür, dass Sie Ihr Leben weiterleben, wenn eine Beziehung endet, aber Kinder bringen diese Gleichung ständig durcheinander. Kinder bekommen ist eine ernste Angelegenheit mit andauernden Konsequenzen. Ich frage mich, warum es immer noch benutzt wird, zerbröckelnde Ehen abzustützen?

Ich denke, es ist eine problematische Kombination aus Verleugnung und Wünschen in der Phantasie. Erstens Verleugnung, dass die Beziehung in ernsthaften Schwierigkeiten steckt, und zweitens der Wunsch, dass ein Baby alle momentanen Spannungen lösen und alle Probleme verschwinden lassen würde. Es gibt Frauen, die tatsächlich glauben, dass die Liebe und Sorge um ein neues Kind eine Ehe sogar stärker als zuvor machen würde. Vielleicht ist das ein weiteres Beispiel, wie schmerzhaft es ist zu akzeptieren, dass eine Beziehung gescheitert ist – so schmerzhaft, dass die meisten Leute umschalten in den Verleugnungsmodus: Ein Baby wird alles besser werden lassen.

Wessen Geld ist das?

Eine andere Form der Verleugnung hat mit Geld zu tun. Eine Frau mag glauben, sie wäre finanziell abgesichert, da ihr Mann eine gute Gehaltsüberweisung nach Hause bringt, aber das ist nicht unbedingt der Fall.

Fragen Sie sich selbst: Haben Sie die Kontrolle über Ihr eigenes Geld? Ihr eigenes, nicht seines. Das ist ein wichtiger Unterschied. Sogar wenn eine Frau die Kontrolle über das Geld hat und ihr Mann ihr die Gehaltsüberweisung gibt, bleibt es weiter in seiner Macht, sie von der Geldquelle abzuschneiden. Eine Frau mag die Rechnungen bezahlen, es mag scheinen, als ob sie die Geldangelegenheiten kontrollieren würde, sie mag die Entscheidungen treffen, wofür es ausgegeben wird; die Realität ist aber, dass die Gehaltsüberweisung verschwindet, wenn der Mann verschwindet, und es gibt plötzlich nichts mehr zu managen.

Eine meiner Bekannten entdeckte, dass ihr Mann eine Affäre gehabt hatte, und sie warf ihn aus dem Haus. Ein paar Tage später, als sie ins Lebensmittelgeschäft ging, merkte sie, dass ihre Kreditkarte gekündigt war. Sie rief bei der Bank an und fand heraus, dass alle ihre Konten gesperrt worden waren. Auf den Rat seines Anwalts hin hatte ihr Mann sie von jedem Zugang zu Geld abgeschnitten. Sie war hilflos. Sie konnte die Rechnungen nicht bezahlen, sie konnte die Kinder nicht ernähren, sie konnte nicht mal Sprit für das Auto kaufen! Sie kapitulierte, und die beiden kamen wieder zusammen.

Sie brauchen einen Beruf, eine Berufung, eine eigene Quelle, aus der Geld sprudelt. Es ist zu eurer eigenen Sicherheit, Mädels. Niemand kann es euch wegnehmen. Es macht emotional frei. Jede Frau hat die Fähigkeit, sich ihren Lebensunterhalt zu verdienen – vorzugsweise mit etwas, das sie gern tut. Manchmal sind Sie vielleicht gezwungen, einen weniger zufrieden stellenden Posten zu akzeptieren. Mein erster Job nach dem Jurastudium war eine echte Niete. Aber halten Sie Ihre Augen offen, bereiten Sie sich vor und knüpfen Sie Verbindungen. Machen Sie Leute aus Ihrem Interessengebiet ausfindig, machen Sie einen Kurs, besuchen Sie ein Seminar. Gehen Sie aus dem Haus. Niemand wird über Sie stolpern, wenn Sie in Ihrem Wohnzimmer sitzen und die Sendung *Richterin Judy* im Fernsehen anschauen!

Scheidung

Aufwachen ist schwer. Wenn Sie zu Beginn einer Beziehung ihre Bedürfnisse und Wünsche verleugnen, ist es schockierend festzustellen, dass Sie verrückt waren. Vielleicht kochen sie vor Ärger und Wut. Plötzlich haben Sie sich von der angenehmen, willfährigen Ehefrau zu einer grimmigen Kreatur entwickelt, unbeachtet von Ihrem Ehemann. Jetzt brennen Sie auf eine wirklich bösartige Scheidung.

In den meisten Ehen ist es die Frau, die Dinge in Ordnung bringt, sich fügt und alles schön macht. Immer wenn es Streit gibt, ist es gewöhnlich die Frau, die sich schließlich wieder versöhnt. Warum? Wenn die Frau mit den Kindern zu Hause ist, hat sie den ganzen Tag, um darüber nachzudenken, was passiert ist, und es nagt an ihr und quält sie. „Ich hätte das sagen sollen, als er dies gesagt hat“, oder: „Ich sollte einfach weg von hier. Ich halte es nicht mehr aus“. Es ruiniert ihr den ganzen Tag.

Und der daran beteiligte Mann? Der Anlass für ihren Ärger? Nun ja, er ist zu seiner Arbeitsstelle gegangen und kümmert sich um seinen Kram. Wenn er sich überhaupt um all das Gedanken gemacht hat, dann nur am Rande eines sonst vollen Tages. Sie beide hatten einen Streit, er ging aus dem Haus und hatte wahrscheinlich einen großartigen Tag in der Arbeit. Er kommt denselben Abend zur Tür herein und es ist immer und immer der gleiche Trott für ihn. Er hat den Streit bereits vergessen. Also, um den Frieden zu bewahren, lässt sie es dabei bewenden. Aber es arbeitet in ihr. Wenn sie den Punkt erreicht, wo sie über Scheidung spricht, kommt sie schwungvoll damit heraus – und der Mann denkt sich: „Wer ist diese wütende Person? Woher kommt das alles?"

Es kam durch jahrelanges Verleugnen ihrer eigenen Bedürfnisse, durch das Unterordnen ihrer Wünsche unter das Wohl der Familie, durch das Leugnen ihrer Träume vor den Realitäten. Eine Zeit lang arbeitete ich im Familienrecht – Scheidungen, voreheliche Vereinbarungen, Trennungen, Schutzanweisungen, die ganze Skala. Meine Klientinnen würden alle das gleiche Mantra singen – „Ich will mir diesen Bastard schnappen. Ich will alles! Ich will, dass es ihm dreckig geht. Ich werde ihm das antun und dann werde ich ihm jenes antun. Ich will, dass er dafür bezahlt, was er mir angetan hat. Ich will ihn brechen!" Die Botschaft war immer: „Du wirst für den Rest deines miesen Lebens dafür bezahlen. Es ist mir egal, ob du glücklich oder zufrieden bist oder ob du überhaupt noch davon leben kannst. Alles, was ich will, ist, dass du unsere drei Kinder unterstützt, bis sie 18 sind. Lebe in einem Erdloch. Es kümmert mich nicht."

Wie, denken sie, reagieren die meisten Männer auf diese Attacke und diese Plünderungsmethode? Nicht gut. Männer sind darauf konditioniert, eine mögliche Bedrohung übel zu beantworten. Sie verfallen automatisch in ihre Kriegerhaltung – es ist fast wie ein Reflex. Das ist oft der Grund für die erbitterte Schärfe in Scheidungsfällen. Statt vernünftig und erwachsen zu sein und nach einer realistischen Regelung zu suchen, verfallen Paare in feindliche Verhandlungen, die aus jedem seine übelste Seite hervorkehren.

Wenn Frauen mit Feuer in ihren Augen und Rache im Herzen zu mir kamen, pflegte ich meine Scheidung-101-Klasse zur Ordnung zu rufen. „Sie sehen das alles falsch“, begann ich. Ich kann Ihnen versichern, sie glaubten mir nicht. Sie waren sicher, dass sie absolut Recht hätten. „Männer können nicht gut mit Schuld und Wut umgehen“, erklärte ich.

„Sie greifen sie an, die meiste Zeit werden sie ebenfalls mit Kampf reagieren. Männer sind kämpferisch. Es entspricht ihrer Natur. Wenn Sie also herausfordernd und rachsüchtig ankommen, einen Kampf ersehnend, dann bekommen Sie ihn. Die meisten Männer verstehen das. Sind Sie einmal der Feind, der Gegner, dann werden Sie kämpfen. Denken Sie taktisch. Werden Sie nicht wütend oder kämpferisch – bekommen Sie stattdessen lieber das, was Sie wollen. Ich sage Ihnen wie.“

Und dann erklärte ich ihnen: „Sie sind das Opfer, die verletzte Partei, der kleine Vogel, der aus seinem sicheren Nest gefallen ist. Lassen wir die Männer wissen, dass Sie Angst haben, dass Sie sich fürchten und nicht recht wissen, wie Sie es schaffen sollen, allein zurechtzukommen.“

Natürlich wehrten sich viele Frauen entrüstet gegen meinen Ratschlag. „Ihm zeigen, dass ich Angst habe? Niemals!“ Ich erklärte ihnen immer geduldig, dass das nur eine geschickte Haltung in der Verhandlung sei, reine Taktik. Ich beriet sie, dass sie ein bitterer Kampf erwarten könnte, wenn sie die Scheidungsverhandlungen in einer kämpferischen Art und Weise aufnehmen würden. Männer sind eben von Natur aus Kämpfer.

Es gibt einen weiteren Grund. Wenn Sie sie nicht attackieren, müssen die meisten Männer der harten Realität ins Auge sehen, dass sie mehr aus ihrer Beziehung erhalten, als sie selbst gegeben haben. Sie als Frau haben sich selbst verleugnet für das Wohl der Familie, und wenn der Mann sich jetzt verliebt fühlt in seine 20-jährige Assistentin, dann ist das seine Krise und nichts, was Sie getan hätten.

Garantierter Schutz bei Scheidung

Hat eine Frau Bildung und Fertigkeiten, dann ist das ihr Leben lang ein garantierter Schutz bei Scheidung. Und es ist wichtig, die Fähigkeit zu haben, etwas tun zu können! Im Klartext ausgedrückt, basieren viele Beziehungen – oder die Vorstellungen, die Menschen von Beziehungen haben – auf Launen, Phantasien und unrealistischen Erwartungen. Junge Frauen versetzen sich in diese Rollen, hüllen sich selbst in diese verdrehten, romantischen Phantasien und Märchen.

Die Realität ist viel rauher und definitiv profaner. Und da die Hälfte der Ehen nicht überlebt, sollten Frauen sich besser von ihren Phantasien befreien und sich versichern gegen Scheidung.

Was ist ein Scheidungsschutz? Es ist Ihre Bildung, Ihre Fertigkeit, Ihr Beruf, Ihre Fähigkeit, für sich selbst zu sorgen, komme, was da wolle. Scheidungsschutz mag schockierend erscheinen, sogar zynisch, aber betrachten Sie es mal von der Seite: Fast jeder hat eine Hausratversicherung, obwohl die Wahrscheinlichkeit, dass Ihr Haus abbrennt oder von einem Sturm niedergestreckt wird, statistisch gering ist. Die Wahrscheinlichkeit jedoch, dass Ihre Ehe ein Fiasko wird, ist 50 zu 50.

Der einzige Schutz, den Sie dagegen aufbauen können, ist Ihre finanzielle Unabhängigkeit. Es genügt nicht, einen reichen Mann zu heiraten. Sollten Sie sich bequem zurücklehnen, wenn fünfzig Prozent seines Profits auf Sie überschrieben wurden? Niemals im Leben. Wie oft haben Sie schon gehört, dass erfolgreiche Geschäfte aus geheimnisvollen Gründen keinen

Profit mehr machen, sobald eine Scheidung zu der Gleichung hinzukommt?

Sie müssen raffiniert sein, Ihren Kopf benutzen und planen. Hoffen Sie, dass alles so wundervoll bleibt, wie an dem Tag, als Sie geheiratet haben, aber seien Sie für den Fall vorbereitet, dass es nicht so ist. Die einzige Sicherheit, die Sie schon jetzt haben können – ich glaube nicht, dass jemand Scheidungsversicherungen anbietet –, ist eine Begabung, ein Beruf, ein Weg für Sie, Ihren Lebensunterhalt mit etwas zu verdienen, das Ihnen Spaß macht, das Ihnen etwas bedeutet und das Sie frei und finanziell unabhängig macht.

Wählen Sie etwas, das Sie gut können, etwas, worauf Sie sich jeden Tag wieder freuen. Was immer Sie wählen, versuchen Sie es. Je mehr Sie von sich investieren, desto mehr werden Sie am Ende zurückbekommen. Dass Sie ein voll integrierter Mensch werden, kann Ihnen in jedem Moment Ihres Lebens passieren, egal wie alt oder erfahren Sie sind. Das ist die beste Sicherheit, die es gibt.

Jeden Berg erklimmen

Meine erste Ehe lehrte mich, was passiert, wenn man seine Bedürfnisse verleugnet, wenn eine Frau verleugnet, was sie will, was ihr Vergnügen macht, wenn sie nur eine kooperative Partnerin ist. Offenbar hatte ich diese Lektion aber noch nicht gut genug gelernt, als ich Jerry Sheindlin traf.

Jerry liebte Ski fahren und er war wirklich ein phantastischer Skifahrer. Ich hörte ihm zu, wenn er von dem Gefühl schwärmte, einen vereisten Berg hinunterzurasen, Eis und Schnee im Gesicht – und ich war skeptisch. Offen gesagt, mir erschien das nicht so sehr reizvoll. Um aber diesem Mann entgegenzukommen, den ich so wahnsinnig anziehend fand, stimmte ich zu, mich in seinem Lieblingssport zu versuchen. Ich rüstete mich mit dem erforderlichen Parka, mit Skihosen, Stiefeln und Handschuhen aus, und dann zogen wir an einem Wochenende in die Berge.

Von dem Zeitpunkt an, da wir uns in den wackligen Sessellift setzten und den Berg hinauffuhren, stand ich schon Todesängste aus. Ich fürchtete um mein Leben, je höher wir kamen. Als wir den Gipfel erreichten, wurde ich davon in Kenntnis gesetzt, dass man von mir erwartete, ich würde von dem Lift abspringen, und ich sagte: „Ich komme von diesem Ding aber nicht runter."

Also schubsten sie mich herunter.

Da stand ich nun auf dem Gipfel eines Berges, frierend, voller Angst und unfähig, mich zu bewegen. Jerry hüpfte inzwischen durch den Schnee wie ein glücklicher junger Hund. Ich sah hinunter und es wurde mir klar, es gab nur einen Weg, abgesehen von Rettung aus der Luft, wie ich wieder zum Fuß des Berges gelangen konnte. Also, langsam, ganz langsam, krochen wir hinunter.

Wir begaben uns in unsere Unterkunft, um unsere Kleidung zu trocken und etwas Warmes zu trinken, und ich beschloss, dass wir ein Schwätzchen halten sollten. Ich hatte Jerry versprochen, ich würde mit ihm Ski fahren, da er es so sehr liebte, aber nachdem ich es einmal probiert hatte, war ich bereit, der Wahrheit ins Auge zu blicken. Das war nicht der Zeitpunkt, sich selbst zu verleugnen.

„Jerry", sagte ich zu ihm, „du kannst jemanden zum Bumsen oder jemanden zum Ski fahren haben, aber mit dieser Frau wirst du nicht beides bekommen."

Er starrte mich mit offenem Mund an.

Ich fügte hinzu: „Aber ich erinnere dich daran, dass du lediglich im Winter Ski fahren kannst."

Ich habe nie wieder einen Fuß auf einen Berg gesetzt.

4 Beherrschen Sie erst das Spiel – dann spielen Sie es

Welche Frauen sind erfolgreich? Diejenigen, die Seite an Seite mit Männern bestehen können – und das mit Humor. Dank meines Vaters wieder einmal, der mir Sinn für Humor beibrachte, habe ich diese Lektion schon früh gelernt.

Als ich als neu ernannte Richterin in der Bronx anfing, damals, 1982, war der Raum für die Mittagspause der Richter strikt nur für Männer vorgesehen. Ich wusste das und somit betrat ich ihn nicht. Ich aß stattdessen in meinem Büro zu Mittag. Es wurde klargestellt, dass alle Richter aufgeklärt waren und dass sie sicherlich darauf vorbereitet waren, eine Frau in ihrem Mittagsraum zu tolerieren – sie bevorzugten es lediglich, wenn es da keine Frauen gab, die toleriert werden mussten. Ich hatte eine Idee. Eines Tages musste ich mit einem meiner Kollegen sprechen, der eben beim Mittagessen an einem Tisch voll mit meinen männlichen Gleichgestellten saß. Ich betrat den Raum, setzte mich an den Tisch und begann ein Gespräch mit ihm. Während wir noch in dieses Gespräch vertieft waren, näherte sich mir ein älterer Richter am Tisch und sagte, sehr übereifrig: „Entschuldigen Sie, junge Dame, aber dies ist der Mittagsraum für Richter."

Ich weiß, ich hätte mich zu diesem Richter umdrehen und ruhig sagen können: „Ich bin Judy Sheindlin, Richterin am Familiengericht." Aber ich tat es nicht. Stattdessen erhob ich mich von meinem Stuhl mit gesenkten Augen und sagte fast flüsternd: „Oh, verzeihen Sie. Es tut mir Leid. Ich bin nur hier, um aufzuräumen." Dann begann ich, Krümel vom Tisch zu wischen und Geschirr aufzusammeln. Der übereifrige Richter stand da und beobachtete mich mit selbstgefälligem und zufriedenem Gesicht, seine Arme über seinem umfangreichen Bauch verschränkt. Den anderen Richtern am Tisch, die wussten, wer ich war, verschlug die Szene die Sprache; sie waren hin- und hergerissen zwischen Beschämung und Freude über meine Reaktion auf sein Benehmen. Nachdem ich das Geschirr aufgesammelt hatte, verließ ich den Mittagsraum. Ich ging zurück in mein Büro. Fünf Minuten später stürmte der übereifrige Richter wutentbrannt herein. „Warum haben Sie nicht gesagt, dass Sie Richterin sind?“, schrie er. „Sie haben mich in eine peinliche Lage gebracht!“

Ich habe ihn in eine peinliche Lage gebracht. Er benahm sich wie ein herrischer Trottel, und ich habe ihn in Verlegenheit gebracht. Da konnte ich nur noch lachen.

Warum reagierte ich so darauf? Ich spielte mit ihm – gab vor, das Dienstmädchen zu sein –, weil er voraussetzte, dass ich keine Richterin sein könnte. Ich garantiere Ihnen, er war in Zukunft vorsichtiger, bevor er Vermutungen über eine Frau anstellte, die sich auf männlichem Territorium sehen ließ. Und ich genoss diesen kleinen Auftritt enorm. Es freute mich unheimlich.

Die Hoover-Akte[3]

Wissen ist Macht.

Ich glaube an die Macht des Individuums. Ich glaube daran, dass eine entschlossene, geschickte Persönlichkeit fast alles tun kann. Daher bewahrte ich eine Hoover-Akte auf, wie J. Edgar.

---

3 Hoover, John Edgar (1895-1972), Rechtswissenschaftler, amerikanischer Kriminologe und Regierungsbeamter; 48 Jahre lang Direktor des FBI. Unter Hoovers Leitung gewann das FBI an kriminalistischer und politischer Bedeutung. (Anm. d. Ü.)

Immer noch kontrollieren zum größten Teil Männer die Arbeitsplätze. Nach meiner Erfahrung sind Rechtswissenschaft, Gerichte und das Fernsehgeschäft Männerdomänen. Je höher eine Frau aufsteigt, desto mehr Leute tauchen aus dem Unterholz auf, um sie von ihrem hohen Ross herunterzuholen.

Ich war mir dieser Tatsache sehr wohl bewusst zu jener Zeit, da ich zur Richterin am Familiengericht ernannt wurde, und beschloss, es wäre nur zu meinem Vorteil, wenn ich eine Akte anlegen würde, die ich meine Hoover-Akte nannte. Die Hoover-Akte ist eine Informationenakte – immer wenn ich irgendetwas über jemanden hörte, schrieb ich es hinein und bewahrte es auf, um es später verwenden zu können. In meinen 25 Jahren am Familiengericht musste ich meine Hoover-Akte nur ein einziges Mal hervorziehen. Ich hatte einen besonders sensiblen Fall zu bearbeiten. Einzelheiten tun nichts zur Sache, aber es genügt wohl, wenn ich sage, dass einige sehr mächtige, einflussreiche Leute in der Stadt wollten, der Fall würde fallen gelassen, um sie oder die beteiligten Institutionen nicht in Verlegenheit zu bringen. Es war ein Vormundschaftsfall, in dem das städtische Jugendamt eine Reihe tragischer Fehler gemacht hatte, die eine Mutter und ihren Sohn sehr lange Zeit daran hinderten, zusammen zu sein. Die Details waren verletzend und Mitleid erregend und brachten eine Spur von Inkompetenz und von Straftaten zutage, die schockierend war. Dieser Fall war jahrelang wie eine heiße Kartoffel herumgereicht worden, bis er auf meinem Tisch landete.

Eines Tages kam ein Kollege vor der Verhandlung am frühen Morgen in mein Büro. Er sagte: „Heute Morgen fand ein Frühstückstreffen statt und dein Name wurde erwähnt."

„Ich bin geschmeichelt", antwortete ich eine Spur sarkastisch. „Die Händler der Macht sprachen über mich."

Er wand sich unbehaglich. „Du bist im Gespräch für die Wiederernennung in neun Monaten, wie du weißt. Du bist eine gute Richterin. Lass nicht zu, dass dieser Fall dich zerstört."

Hörte ich da eine versteckte Drohung heraus? Es roch sicherlich nach einer Drohung. Wie interessant! Ich war eine Richterin, die kein Blatt vor den Mund nahm, aber ich war gut. Ich arbeitete hart und ich wurde selten von Berufungsgerichten widerlegt. Bis zu diesem Zeitpunkt hatte ich nicht einmal in Erwägung gezogen, ich könnte nicht wiederernannt werden.

Ich starrte meinen Kollegen an, den Botschafter von höherer Stelle, als ob er eine Schmeißfliege wäre, die an meiner Windschutzscheibe zermatscht wurde. Dann stand ich auf, ging zu einem Aktenschrank und zog eine Schublade heraus. Ich zeigte auf einen Stapel Akten. „Es ist erstaunlich, wie viele Informationen ich im Lauf der Jahre über deine Frühstückskumpel gesammelt habe", sagte ich. „Sie diskutieren über mich? Glaub mir, es wird sie mehr interessieren, wenn ich mich über sie auslasse!"

Mein Kollege schüttelte nur den Kopf und wandte sich zur Tür. „Warte", sagte ich. „Tu mir einen Gefallen, ja? Sag den Machthändlern, dass ich nicht erwarte, Probleme mit meiner Wiederernennung zu bekommen wegen meiner Behandlung dieses speziellen, Mitleid erregenden Falles. Ich erwarte sogar, dass ich mit Leichtigkeit durch das Wiederernennungs-Komitee komme. Wenn es für sie peinlich ist, dann ist das ihr Problem."

Ich steckte meine Hoover-Akte in meine Aktentasche und nahm sie an jenem Tag mit ins Gericht. Und zum Mittagessen. Und nach Hause. Ich hatte das Gefühl, ich würde meine Garantie für meine Weiterbeschäftigung am Familiengericht mit mir herumtragen – und sie wog schwer. Monate später begann die Prozedur zur Wiederernennung. Ich ging zum Komitee, schüttelte jedem die Hand und nahm Platz. Der Vorsitzende des Komitees sagte: „Wie fühlt man sich, wenn man eine Legende ist, noch bevor man überhaupt 50 ist?“ Ich grinste. „Man fühlt sich großartig. Ich mag das!“ Sich vom Stuhl erhebend sagte er: „Vielen Dank, dass Sie gekommen sind – wir sind fertig.“ Und das war es – rein und raus. Jerry stand draußen und wartete auf mich zusammen mit einem anderen Richter, der nach mir an die Reihe kam. Sie hatten erwartet, die üblichen 25 Minuten bis zu einer halben Stunde warten zu müssen, und ich ging rein und raus in etwa 35 Sekunden. Sie sahen mich nur mit offenem Mund an.

Heute bewege ich mich in einer völlig anderen Welt, obwohl das Fernsehen ebenso von Männern dominiert wird wie die Rechtswissenschaft und die Gerichte. Ich denke, es ist kein so großes Problem mehr, wie es einmal war, aber manchmal glaube ich, sie sind immer noch nicht gewohnt, mit gewitzten, selbstbewussten Frauen umzugehen. Offenbar sind sie es gewohnt – zumindest was ich sehe –, Frauen zu kontrollieren und nicht mit Frauen umzugehen, die die Kontrolle übernehmen. Ich bin also in vieler Hinsicht ein anderer Typ Frau, als sie gewohnt sind.

Ich bewahre immer noch eine Hoover-Akte für das Fernsehen auf. Ich hebe Notizen über meine Treffen, über Gespräche und geschäftliche Diskussionen auf, damit ich besser darauf vorbereitet sein werde, mit den komplexen Geschäften und Vertragsaspekten dieses Arbeitsumfelds umzugehen. Ich weiß nicht, ob es das ist, was die „schweren Jungs“ tun, aber Frauen müssen raffinierter sein, wenn sie für sich selbst handeln. Das sind sehr schlaue, gut informierte Leute, die ihr Geschäft sehr gut verstehen, und es ziemt sich durchaus für mich, in einer relativ neuen Umgebung mithalten zu können. Das bedeutet, ich muss ihr Spiel beherrschen.

Ungleicher Kampf

Die Ungerechtigkeiten zwischen Männern und Frauen – die Ungerechtigkeiten in der Gesellschaft, in der Wirtschaft und in Beziehungen, die Frauen jahrhundertelang verrückt gemacht haben – sie haben schließlich erst in der letzten oder vorletzten Generation den Siedepunkt erreicht.

Lassen Sie sich einen Rat von mir geben. Wenn Sie versuchen, die Skalen von Gerechtigkeit und Gleichheit überall in ihren geschäftlichen Beziehungen auszubalancieren, werden Sie zu kurz kommen. Keine Verteilung von Verantwortlichkeiten kann jemals gerecht sein. Es ist gut möglich, dass Sie aus diesem Grund in einer Beziehung, in Ihrer Arbeit oder in Ihrem Leben nie auf Ihre Kosten kommen. Was können Sie tun? Seien Sie schlau. Benutzen Sie Ihre weibliche Intuition, Ihre angeborene weibliche Weisheit und Ihre Energie und reagieren Sie wie ein Schwamm. Saugen Sie Informationen und Details auf, lernen Sie alles darüber, was Sie tun. Beherrschen Sie das erst einmal, dann müssen Sie die nächsten Schritte unternehmen, damit die verantwortlichen Leute verstehen, dass Sie bereit sind, mehr Verantwortung zu übernehmen und dass Sie sich selbst unentbehrlich gemacht haben, diese Aufgaben durchzuführen. Kein schlechter Trick, oder? Sie müssen bestimmend und selbstbewusst vorgehen, aber mit leichter Hand, Selbstvertrauen mit Humor gemischt und auf Ihre Arbeit konzentriert. Das Ergebnis ist, dass Sie schließlich jenes Fitzelchen Information haben, das Sie brauchen, um erfolgreich zu sein. Sie werden ein Kommunikationsnetz mit den Verantwortlichen eingerichtet haben. Das Schwierige daran ist, die professionellen, die sozialen und die persönlichen Interaktionen zu einer sicheren Machtbasis zu kombinieren.

Machen Sie sich klar, dass Sie mit einem Handikap starten. Selbstbewusste und bestimmende Frauen werden oft als Miststück und Spielverderber beschimpft, während dieselben Qualitäten Männern den Ruf eintragen, stark, ernsthaft, talentiert und gute Führer zu sein. Tycoone aus Megafusionen, wie Ronald Perelman, Henry Kravis, Rupert Murdoch, Ted Turner – setzen Sie hier ein paar Ihrer eigenen momentanen Favoriten ein –, werden allesamt für großartige und rücksichtslose Geschäftsmänner gehalten. Niemand hat etwas daran auszusetzen, was sie tun oder wie sie sich benehmen. Frauen fürchten sich zu sehr davor, beschimpft zu werden. Sie wollen gemocht werden. Männer wollen respektiert werden. Haben Sie keine Angst vor Zuweisungen. Lassen Sie sich nicht durch die Unsicherheiten anderer von Ihren Zielen abbringen. Seien Sie selbstbewusst, rücksichtslos – bemühen Sie sich um das, was Sie wollen. Wählen Sie weibliche Rollenvorbilder, die Freundlichkeit, Wärme, Liebenswürdigkeit und Großzügigkeit mit der Rolle einer taktisch geschickten, dynamischen Geschäftsfrau verbinden. Schauen Sie doch Oprah Winfrey an, die wahrscheinlich erfolgreichste Frau der letzten zehn Jahre in der Fernsehindustrie. Sie ist eine Frau, die ihr Schicksal und ihre Geschäfte offensichtlich in der Hand hat, und dennoch hat sie ebenso ihre Kader von freundlichen, unterstützenden Fans. Sie hat sich umgeben mit einem unglaublichen Mitarbeiterstab aus Beratern, Partnern und Angestellten.

Barbra Streisand, zweifellos eine Sängerin und Schauspielerin mit phantastischem Talent und eine ebenso begabte Regisseurin, wird dafür kritisiert, sie sei zwanghaft „kontrollierend“, da sie auf ein bestimmtes Maß an Disziplin und herausragende Qualität besteht. Auf der anderen Seite James Cameron, der einen Oscar für die Regie des Films *Titanic* erhielt; er ist ebenfalls extrem schwierig und stellt hohe Anforderungen, wird aber nicht zwanghaft kontrollierend genannt. Man nennt ihn „bester Regisseur“.

Wenn wir Frauen weiterhin erfolgreich sein wollen, müssen wir unsere Fassaden stärken und eine Schutzhülle entwickeln, die uns vor all den Angriffen bewahrt. Offen gesagt, wenn mich jemand zwanghaft kontrollierend nennt, bedanke ich mich automatisch. Glauben Sie nicht, dass ich alles so weit wie nur möglich zu kontrollieren versuche, was meine Show *Richterin Judy* betrifft? Sicherlich tue ich das! Die Show trägt schließlich meinen Namen.

Unentbehrlich werden

Was immer Sie tun, der einzige Weg zum Erfolg ist, sich selbst unentbehrlich zu machen. Lernen Sie so viel Sie nur können über egal welchen Job, den Sie in Angriff nehmen. Halten Sie Augen und Ohren offen und saugen Sie alles auf, was Sie an Informationen bekommen können. Ich gebe Ihnen ein paar Beispiele.

Als ich mit der Werbung für *Richterin Judy* anfing, bedeutete das für mich, viel herumzureisen. Der Auftraggeber meiner Fernsehsendung, Worldvision Enterprises, engagierte eine junge Frau, die als meine Koordinatorin und Assistentin mit mir reisen sollte. Sie war völlig unakzeptabel. Sie behandelte Leute ohne jeden Respekt, so als wären sie einfache Hilfskräfte im Hintergrund. Ich wollte nicht, dass diese junge Frau irgendetwas koordinieren oder mich repräsentieren würde. Zurzeit kümmert sich eine talentierte junge Frau namens Terri Corcoran um meine Werbung, und sie ist wunderbar. Terri ist tüchtig, gut organisiert, hat einen sympathischen Sinn für Humor und behandelt die Leute wirklich gut – wir kommen wundervoll miteinander aus. Sie ist absolut unentbehrlich für mich geworden. Sie erst ermöglicht die Erledigung der ganzen Nebensächlichkeiten, die für die Werbung für *Richterin Judy* nötig sind.

Ich bin mir sicher, auch andere Leute könnten Terris Job erledigen, und das gut. Der Punkt ist, bis sie an Bord kam, wurde der Job überhaupt nicht zufriedenstellend erledigt. Der Unterschied war bemerkenswert. Daher ist Terri Corcoran meine Frau, wann immer ich etwas zu tun habe, was Werbung betrifft. Jetzt ist sie natürlich zur Direktorin für Senderbeziehungen für Worldvision befördert worden. Sie machte sich unentbehrlich. Nancy, die Frau, die sich um meine Frisur und das Make-up für *Richterin Judy* kümmert, ist für mich ebenso unentbehrlich geworden. Ich bin sicher, viele Leute könnten sich um mein Make-up kümmern, aber Nancy hat für mich genau die richtige Persönlichkeit. Sie ist fröhlich und lustig, erzählt gute Witze und lacht über meine. Wenn wir mit dem Make-up und dem Frisieren fertig sind, fühle ich mich nicht ausgelaugt und kribbelig. Ich fühle mich wohl. So ist Nancy Teil meines Teams geworden und ich halte sie ebenfalls für unentbehrlich.

Bringen Sie jetzt aber Unentbehrlichkeit nicht mit Unterwürfigkeit durcheinander. Das ist es mitnichten. Es bedeutet, Ihren Wert zu demonstrieren, egal, welche Position Sie haben – und das dann zu benutzen, um nach oben zu gelangen.

Meine Tochter Jamie fing in einem neuen Job an. Ihr Gehalt war klein und nach einigen Monaten verlangte sie eine Gehaltserhöhung. Sie fragte mich, was ich darüber denke, und ich sagte ihr das, was ich Ihnen jetzt erkläre. „Du willst mehr Geld in einem Job? Mach dich selbst unentbehrlich. Sei die Person, von der dein Chef sagt: ‚Was haben wir bloß gemacht, bevor sie aufgetaucht ist?‘ Auf diese Art wird dein Chef es sich zwei Mal überlegen, bevor er dich zurückweist, wenn du ihn nach mehr Geld fragst.“ So einfach ist das.

Strahlen Sie!

Frauen am Arbeitsplatz müssen lernen zu strahlen und Humor zu nutzen. Wenn Sie sich selbst und Ihre Arbeit todernst nehmen, dann strahlen Sie nicht gerade eine Aura von Selbstsicherheit aus. Die meisten Frauen haben es nicht gelernt, eine Situation mit einem geschickten Witz oder einer lustigen Stichelei zu entspannen. Männer machen das dauernd.

Sie können die Macht des Humors gar nicht überschätzen. Glücklicherweise war mein Vater ein großartiger Lehrer, und ich habe meine Fertigkeiten im Erwachsenenleben geschärft.

Im Zuge meiner neuen Karriere als eine Fernsehpersönlichkeit besuche ich eine riesige jährliche Konferenz der Interessengemeinschaft zur Programmgestaltung, genannt NATPE – National Association of Television Executives. Dort werden die Abmachungen für das kommende Jahr getroffen. Das erste Mal, als ich teilnahm, endete damit, dass ich an meinem Stand *Richterin Judy* saß und jeden Tag zwei Stunden lang Autogramme schrieb. Meine Hand schwoll an, bis ich schlauer wurde und mir aufging, ich könnte das unter Kontrolle halten. Das zweite Jahr informierte ich die vermeintlich Mächtigen, dass ich nur eine Stunde lang Autogramme geben würde. Es ist immer noch äußerst strapaziös.

Am ersten Tag setzte ich mich an meinen Stand und bemerkte in der Nähe drei Bosse im Tagungssaal, die ein sehr intensives Gipfeltreffen zu haben schienen. (Treffen von Männern sehen immer sehr intensiv aus.)

Es waren der Präsident von Worldvision Enterprises, John Ryan, der die Sendung *Richterin Judy* verkaufte; Larry Lyttle, der Präsident von Big Ticket TV; und Peter Bachmann, der Präsident von Spelling Entertainment. Zu der Zeit befand ich mich in Vertragsverhandlungen, weil die Show ein Hit war. Während ich da an meinem Stand saß, Autogramme schreibend, entschloss ich mich, die großen Bosse ein wenig zu necken. Es kamen immer wieder Leute auf mich zu, um mir zu sagen, wie sehr sie meine Show liebten. Also hielt ich die Nächste, die wegen eines Autogramms zu mir kam, auf und sagte: „Sehen Sie die drei Männer dort drüben? Nun ja, wenn Sie meine Show wirklich mögen, würde es mir sehr viel bedeuten, wenn Sie dorthin gehen könnten, bevor Sie die Konferenz verlassen, und es ihnen sagen würden. Danke." Sie tat es und ich konnte die Bosse nicken und lächeln sehen – nur leicht verärgert, da ihr Gipfeltreffen unterbrochen worden war.

Männer werden nicht gern gestört, wenn sie die Köpfe zusammenstecken. Weil alles, worüber sie sprechen, so furchtbar wichtig ist – für sie. Männer halten ihre Zeit für so wertvoll. Nebenbei gesagt, verlieren sie ziemlich leicht den Faden.

Und alles das war sorgfältig von mir in Erwägung gezogen worden, als ich die nächste Person, die sich meinem Stand näherte, bat, das Gleiche zu tun. Und die nächste und die übernächste. Bald lief jeder, der zu meinem Stand kam, schnurstracks zu den Bossen. Ich beobachtete aus den Augenwinkeln, wie sich einer nach dem anderen ihnen näherte und ihr Gespräch unterbrach, um ihnen zu sagen: „Ich liebe die Show *Richterin Judy* wirklich!" Ich fragte mich, wer von den dreien es zuerst herausbekommen würde. Es war Peter Bachmann von Spelling. Nach der vierten Unterbrechung, sah ich, wie er sich zu mir umdrehte, mit einem fragenden halben Lächeln auf den Lippen. Die Unterbrechungen setzten sich fort. Schließlich mussten die großen Drei ihre Konferenz in der Etage, wo die Tagung stattfand, beenden und in privatere Gefilde in der Hauptetage umziehen. Als meine Autogrammstunde vorbei war und ich eben gehen wollte, wurde ich in einen Seitenraum gerufen, wo die Bosse eben ihr „Treffen" beendet hatten.

Larry trat auf mich zu und sagte: „Hey, was ist los! Gibst du nicht gern Autogramme?“ Beide, John Ryan und Peter Bachmann, lachten darüber. Sie waren irgendwie süß.

„Ich ziehe es vor mit meinem Namen die Worte zu unterschreiben ‚Nur als Anzahlung‘“, antwortete ich mit einem Lächeln. Sie lachten alle dröhnend. Entwaffnend? Ja. Habe ich mein Argument vorgebracht? Ja. Was für ein Spaß! Frauen müssen lernen, das zu tun. Haben Sie keine Angst, so gut auszuteilen, wie Sie einstecken.

Ein klein wenig sorgfältig platzierter Sarkasmus verletzt niemanden. Als die Zuschauerzahlen für den Start meiner dritten Sendestaffel herauskamen und alle Rekorde brachen, war ich in Hochstimmung. Ich bin sicher, Larry Lyttle war ebenfalls begeistert, obwohl ich mir nicht sicher sein konnte, da ich es nie von ihm hörte. Schließlich rief ich ihn an und hinterließ eine Nachricht auf seinem Anrufbeantworter. Ich sagte, dass ich von den großartigen Zahlen gehört hätte, und fügte hinzu: „Larry, bezahl die Blumen nicht. Sie sind nicht angekommen.“

Ich wusste, wie Larrys Hirn arbeitete. Zuerst würde er verwirrt sein. Er würde denken: „Blumen? Welche Blumen?“ Nach einer Weile würde es ihm dämmern. Oh, Blumen.

Mein Vater erzählte dauernd Witze. Seit er Zahnarzt war, hatte er eine unfreiwillige Zuhörerschaft. Ich hörte ihm zu und schnappte sein Tempo, seinen Rhythmus, seine Art, wie er Dinge anging, auf und ich glaube, das macht einen großen Anteil davon aus, was Humor ist – Sie nehmen einen aktuellen Lebensumstand und betrachten ihn von der lächerlichen Seite. Dann schmücken Sie es aus oder übertreiben ein wenig, um eine witzigere Geschichte daraus zu machen.

Wie das Sprichwort sagt: Die, die zuletzt lacht, lacht am besten.

Wer zuletzt lacht

Der Vertriebschef von Worldvision Enterprises ist ein Mann namens Bob Raleigh. Ich mag ihn sehr gern. Er ist ein wundervoller Verkaufsprofi. Er hat psychologisches Hintergrundwissen. In meinem ersten Jahr bei NATPE verkaufte ich meine *Richterin Judy* mit den besten Sendungen von ihnen. Sie wollten mich einführen und ich würde den Besitzern der Fernsehstationen schön tun und ihnen eine lustige Geschichte erzählen. Es war eine sehr erfolgreiche Strategie – sie genossen es und ich genoss es ebenso. Am ersten Tag dort fragte ich Bob: „Wann wissen wir, an wie viele Fernsehstationen wir heute verkauft haben?"

„Wir werden ein Abschlusstreffen zwischen sechs und sieben Uhr am Abend haben. Alle Vertriebsleute kommen dort zusammen und wir werden herausfinden, was wir verkauft haben und was noch offen ist", antwortete Bob mit mechanischer Höflichkeit. Wir hatten uns vor vielleicht einem Monat nur ein Mal kurz getroffen und ich konnte sehen, dass er mein Interesse noch nicht voll „verstanden" hatte.

„Würden Sie mir einen Gefallen tun, Bob?", fragte ich. „Würden Sie mich nach dem Treffen anrufen, damit ich weiß, an wie viele Fernsehstationen wir verkauft haben?"

Bobs Augen schweiften durch den Raum. Er sagte: „Aber sicher."

Nun ja, ich kannte dieses „Sicher", weil ich dieses „Sicher" schon vorher gehört hatte. Dieser Kerl würde mich nicht anrufen – er war nur höflich und er dachte an ein Dutzend andere Dinge, während er mit mir zusammenstand.

Was konnte ich tun, um sicherzustellen, dass dieser Kerl mich anrufen würde? Natürlich. Machen Sie's wie ich, und tun Sie Folgendes. Ich lächelte und sagte zu ihm: „Bob, haben Sie eine Visitenkarte?"

„Sicher“, antwortete er, nahm eine Karte heraus und gab sie mir. Er war immer noch gedankenverloren, schaute umher und beobachtete, wo die Vertriebsleute waren und mit wem sie sprachen.

Ich kritzelte eine kleine Notiz auf die Rückseite seiner Karte, gab sie ihm und sagte: „Halten Sie sich daran, Bob. In Ordnung? Wir sprechen uns später.“

Bob sagte wieder „Sicher“ und steckte die Karte zurück in seine Tasche, während er wegging. Ich zog mich in mein Hotel zurück. Um ungefähr sieben Uhr klingelte das Telefon und es war Bob Raleigh. Er lachte.

Ich hatte auf die Karte geschrieben: „Ruf Judy um sieben Uhr an oder deine Eier werden dir abfallen.“

Was ich wirklich sagte, war: „So bin ich. Ich bin ein witziges Mädel, aber verscheißer mich nicht. Ich reiß mir den Arsch auf, genauso wie deine Vertriebsleute, also behandle mich nicht, als wäre ich irgendein flüchtiges Talent, das heute hier und morgen schon wieder verschwunden ist.“

Ich konnte meinen Punkt machen, indem ich entwaffnenden Humor benutzte. Es funktionierte und inzwischen sind Bob Raleigh und ich gute Freunde. Wir sind ein Team.

Wie man eine Gehaltserhöhung bekommt

Setzen Sie sich hin, nehmen sie ein Blatt Papier und einen Stift und machen Sie eine Checkliste. Wie lange arbeiten Sie in diesem Job? Was haben Sie gelernt, seit Sie dort angefangen haben? Wie viel Sachkenntnis bringen Sie in Ihren Job ein? Genießen Sie großes Vertrauen im Umgang mit Kunden Ihrer Firma? Haben Sie große Glaubwürdigkeit für die Verkäufer, die Geschäfte mit Ihrer Firma machen? Wie viel haben Sie gelernt, was mit Intuition zu tun hat und nirgendwo niedergeschrieben ist? Wie sehr verlässt sich Ihre Firma auf Sie?

Es gibt Wege, das zu beurteilen. Zum Beispiel, wenn Sie sagen: „Ich würde gern die letzten beiden Wochen im Juli meinen Urlaub nehmen“, und die Antwort ist fassungslose Ungläubigkeit und Panik, dann denken Sie darüber nach. Machen Sie für sich eine Liste. Wie viel Verantwortung haben Sie? Wie sehr verlässt man sich auf Sie? Wenn Sie sich nicht sicher sind, so bedenken Sie, was an den Tagen los ist, an denen Sie nicht da sind. Regiert dann das Chaos?

Es gibt Geschäftsleute, die Ihnen erklären werden: „Niemand ist unersetzlich.“ Ich finde immer, das ist eine unglaublich kurzsichtige Art, die Dinge zu sehen. Ich verstehe, dass es immer einfach ist, einen „Irgendjemand“ durch einen anderen „Irgendjemand“ zu ersetzen, aber jemanden zu ersetzen, der über Ihren besonderen Reichtum an Informationen, Fertigkeiten und Persönlichkeit verfügt, ist möglicherweise schwieriger. Und dabei macht es keinen Unterschied, mit was genau Sie sich beschäftigen.

Sagen wir, Sie machen in Häusern sauber, um Ihren Lebensunterhalt zu verdienen. Das ist Ihr Geschäft. Wie schwer ist es für Ihren Chef, Sie zu ersetzen? Viele Haushälterinnen denken: „Na ja, ich könnte in nur einer Sekunde ersetzt werden.“ Aber das stimmt nicht. Sie sind unersetzlich, sobald Sie die Routine in einem Haus kennen. Sie wissen, was wertvoll ist und was nicht, womit man besonders vorsichtig sein muss, was man so polieren und was auf diese Art gereinigt werden muss. Sie wissen, wo etwas zu tun ist. Sie haben sich das Vertrauen der Familie verdient. Ich habe erlebt, wie viele Ärzte an Selbstmord dachten, wenn sie ihre Sprechstundenhilfe verloren hatten. Sie erklärten mir, wie extrem schwer es sei, Sprechstundenhilfen für Arztpraxen zu finden, die über die richtige Mischung aus Köpfchen, Humor, Mitgefühl und Belastbarkeit verfügten. Es bewerben sich vielleicht 30 Leute auf eine Stelle als Sprechstundenhilfe in einer Arztpraxis. Es ist nicht einfach, aus diesen 30 die eine Person mit der richtigen Intuition herauszufinden, die zwischen diesen Extremen – Ärzte auf der einen und Patienten auf der anderen Seite – vermitteln kann. Wie jener Arzt, der immer zu spät erscheint und auf Überbuchungen im Zeitplan besteht, und der Patient, der immer 15 Minuten zu früh auftaucht und verlangt, sofort aufgerufen zu werden. Die Sprechstundenhilfe eines Doktors muss die Fähigkeiten eines Verkehrspolizisten und das Mitgefühl einer Heiligen haben. Das ist schwer zu erfüllen. Was Sie vielleicht für einen untergeordneten Job halten, ist nicht untergeordnet, wenn Sie, sogar auf kurze Sicht, für Ihren Chef unersetzlich sind. Würde es eine Periode der Unbehaglichkeit, eine Unterbrechung im täglichen Arbeitsfluss geben, wenn Sie nicht da wären?

Entscheiden Sie, wo Ihre Untergrenze liegt. Sind Sie bereit, dabei zu bleiben? Was, wenn der Chef Nein sagt? Sind Sie bereit, den Job hinzuschmeißen? Stellen Sie ein Ultimatum oder testen Sie nur aus, wie viel Sie Ihrem Chef wert sind?

Es geht um Sie. Gefällt Ihnen Ihre Arbeit? Brauchen Sie die Arbeit? Wären Sie plötzlich in finanziellen Schwierigkeiten, wenn Sie den Job nicht hätten? Der Lebensrhythmus diktiert normalerweise diese Arten von Bewegungen. Denken Sie es durch. Der denkbar schlechteste Moment, um eine Gehaltserhöhung zu bitten, ist, wenn der Druck groß ist und Sie Ihre Bitte in einem anklagendem Ton vorbringen – „Ich habe es satt, immer alles zu geben und für all meine Bemühungen mit Peanuts abgespeist zu werden."

Seien Sie schlau. Berücksichtigen Sie die Beschaffenheit des Geländes. Eine Frau, die für ein Verlagshaus arbeitet, erzählte mir einmal, dass sie wisse, es sei besser, ihren Chef nicht am Montag um mehr Geld zu bitten, wenn er sein wöchentliches Finanztreffen gehabt habe. Auf der anderen Seite sei er ausgesprochen wohlwollend, wenn die Verkaufszahlen am Mittwoch eine gute Woche für den Verlag ergeben hätten.

Spaß und Spiele

Das Klima ist in einigen Firmen heutzutage etwas verbissen geworden, weil Fälle von sexueller Belästigung um sich greifen. Ich will nicht echte Vorfälle von sexueller Belästigung verunglimpfen, aber so vieles, was heute sexuelle Belästigung genannt wird, ist in Wirklichkeit gar keine sexuelle Belästigung. In Yiddisch wird das kibitzing genannt – einen Jux machen. Wenn Sie durch die Hallen Ihrer Firma wandeln, Ihr Radar für sexuelle Belästigung ausgefahren und bereit, bei jedem bisschen Abgleiten des Anstandsniveaus Alarm zu schlagen, dann sind Sie nicht vorbereitet, in der wirklichen Welt mitzuspielen. Sehen wir den Tatsachen ins Auge. Der männliche Sinn für Humor findet im Grunde alles aus der Fäkalsprache witzig; das bedeutet, der Großteil des männlichen Humors am Arbeitsplatz teilt sich auf in Toilettenwitze oder Sexwitze. Da muss auch mit gelegentlichem Glotzen und mit Sticheleien umgegangen werden. Es sind kleine Jungs. Sie sind ein Mädchen. Tun Sie einfach so, als wären sie noch nicht der Junior Highschool entwachsen, und Sie fangen an zu verstehen. Können Sie nicht mit dem Humor aus der Junior Highschool umgehen?

Verbiegen Sie sich nicht. Üben Sie einfach diesen Blick voll Verachtung, den Sie so gut kennen aus der Zeit, als Sie erst zwölf waren.

Die chronisch beleidigte Frau

Von sexueller Belästigung zu sprechen, nur weil jemand, mit dem Sie arbeiten, etwas Anstößiges gesagt hat, ist nicht unbedingt eine Klage wert. Eine Beschwerde vielleicht, aber einen Prozess ...? Gelegentlich treten Fälle von unangemessenem Benehmen am Arbeitsplatz in der Sendung *Richterin Judy* auf. Ich bin immer wieder überrascht, wie wenig Leute unterscheiden können, was sexuelle Belästigung ist und was nicht.

Hier ein Beispiel. Ein Fall, der mir in *Richterin Judy* vorgetragen wurde. Ein junge Frau reichte Klage ein gegen einen Kollegen. Er hatte sich zu ihr hingezogen gefühlt, sie einige Male zu Hause angerufen und sie schließlich gefragt, ob sie mit ihm ausginge. Sie sagte zu.

Sie gingen also ein Mal zusammen aus, aber sie mochte ihn nicht besonders, und als er sie daher das nächste Mal anrief, sagte sie, sie hätte keine Zeit, und das Spiel trieb sie eine Weile so fort. Sie sagte ihm nie, dass sie kein Interesse hätte. Vor Gericht erklärte sie mir, es sei ihr peinlich gewesen und sie hätte seine Gefühle nicht verletzen wollen. Stattdessen verklagte sie ihn wegen sexueller Belästigung, als er ihr eine Witzkarte per Post schickte. (Verklagt zu werden, verletzte seine Gefühle natürlich nicht, oder?)

Ich fragte die junge Frau: „Warum fühlen Sie sich von diesem Mann sexuell belästigt? Er wollte mit Ihnen ausgehen, er hat Ihnen eine lustige Postkarte geschickt. Ich verstehe das nicht."

Sie klimperte mich mit ihren Wimpern an und sagte mit zitternder Stimme: „Nun, ich fühlte mich, als ob er mich belästigen würde."

Da haben Sie es – das absurde Ergebnis der nationalen Nabelschau in der letzten Zeit. Wenn Sie es fühlen, muss es so sein.

Ich sah sie mit Stirnrunzeln an. „Nein. Nach Ihrer Aussage fühlten Sie Verlegenheit, fühlten sie, dass Sie seine Gefühle nicht verletzen wollten. Sie sprachen nie jene vier magischen Worte aus: ‚Ich bin nicht interessiert'." Ich warf einen Blick auf den unglücklichen Mann, den sie verklagt hatte.

„Sie, mein Herr, sind vielleicht nicht gerade ein Meister in der Auffassung subtiler Andeutungen oder sogar nicht so subtiler Andeutungen, dass eine Frau nicht interessiert ist. Aber das macht Sie noch nicht zum sexuellen Belästiger. Klage abgewiesen.

Seite an Seite stehen

Als ich mit dem TV-Geschäft anfing, war ich bereits eine ausgereifte Persönlichkeit. Ich dachte, ich wäre ziemlich raffiniert – mindestens so raffiniert wie die Typen in Kalifornien. Sie zogen es vor, mich wie eine seltene und zarte Blume zu behandeln, deren Verstand ihr gerade erst aus dem Kopf gesaugt worden war. Sie sagten ständig: „Machen Sie sich keine Sorgen. Wir sind Experten darin. Verlassen Sie sich einfach auf uns."

Am Anfang fügte ich mich, aber als meine Show zum großen Hit geworden war, begann mir diese herablassende Haltung auf die Nerven zu gehen. Schließlich sagte ich zu meiner Expertengruppe: „Ich will euch Kerlen mal was sagen. Ich bin eine Frau mit 1,55 Meter und 50 Jahre alt, ich bin nicht ausgesprochen umwerfend, aber attraktiv. Ich entstamme dem Mittelstand. Ich wollte Anwältin werden; ich wurde Anwältin. Ich wollte Richterin werden; ich wurde Richterin. Ich wollte die Gerichte in Manhattan leiten; ich leitete die Gerichte in Manhattan. Ich habe mir zum Ziel gesetzt, eine Fernsehsendung zu haben; und jetzt habe ich eine Fernsehsendung. Das macht eine Erfolgsrate von 100 Prozent.

Nun, Leute, Ihr entscheidet, wie viele zig Startsendungen für neue Shows jedes Jahr produziert werden? Wenn eine von zehn gesendet wird, dann habt ihr es gut gemacht. Die Chancen stehen für die eine Show, die gesendet wird, nicht gut, dass sie ein Hit und für eine zweite Staffel erneut produziert wird. So, obwohl Ihr also die Experten seid und das hier Euer Geschäft ist, habt Ihr eine Erfolgsquote von zehn Prozent. Das bedeutet, dass Ihr 90 Prozent der Zeit scheitert. Auf der anderen Seite ist meine Show ein Hit. Also bitte, behandelt mich nicht wie eine Idiotin und versucht nicht, mich in eine andere Person zu verwandeln. Das ist, was Ihr gekauft habt und was erfolgreich ist."

Es hatte vielleicht wie eine Herablassung gewirkt, so vor einem Raum voller Profis zu reden, aber ich fühlte die Notwendigkeit, meinen Standpunkt klarzumachen, und der Stille nach die folgte, hatte ich das erreicht. Seither wurde ich weniger gönnerhaft behandelt und es wurde mir mehr Respekt gezollt. Manchmal müssen Sie das einfach einfordern.

Es ist wichtig, dass Sie Ihren Wert kennen. Aber mehr als das ist es wichtig, andere Ihren Wert wissen zu lassen.

Noch eine Geschichte. In der ersten Woche, als ich meine Show aufzeichnete, wurde mir ein überwältigend gut aussehender, junger Mann zugeteilt, um meine ersten Fotoaufnahmen zu überwachen. Er war sorgfältigst frisiert, trug einen Anzug aus Seide und maßgefertigte Schuhe – einfach wunderbar ausstaffiert. Er trat auf mich zu und sagte: „Judy, ich will, dass Sie sich völlig in meine Hände begeben."

Aus irgendeinem Grund fand ich das urkomisch. „Schätzchen", sagte ich zu ihm, „ich habe Lebensmittel in meinem Kühlschrank, die sind älter als du."

Der Ausdruck in seinem Gesicht war köstlich. Er floh und ich sah ihn nie wieder. Wo immer du sein magst, es tut mir Leid, wenn ich deine Gefühle verletzt habe, armer Kerl.

So bin ich nun einmal – was soll ich also tun? Mich gleich ändern?

Gute alte Mädels

Basierend auf meinen Erfahrungen mit den Leuten, die ich bisher in der Unterhaltungsindustrie kennen gelernt habe, schätze ich, dass Frauen viel cleverer sind und weit mehr über den Wirtschaftszweig wissen als ihre männlichen Gegenüber. Frauen ziehen am Ende aber auch meist den Kürzeren.

In der Fernsehindustrie werden Frauen verglichen mit Männern notorisch unterbezahlt – vom weiblichen Toptalent bis hinunter zu den Produktionsassistentinnen. Wo liegt das Problem? Frauen tendieren dazu, eher Akzeptanz als finanziellen Ausgleich zu suchen. Einer Frau kann man erzählen, dass sie geliebt und gebraucht wird, dass sie großartig und wundervoll ist, und es wird reichen, um sie unten zu halten. Frauen werden von dieser Art zu reden hypnotisiert. Es nährt das angeborene Bedürfnis in ihnen, zufrieden zu stellen, zu geben und zu hegen und zu pflegen. Pflegen ist gut für zu Hause, aber Sie müssen den Impuls bekämpfen, das mit in die Arbeit zu bringen.

Da so viele Frauen sich ihres eigenen Wertes nicht bewusst sind und ihnen dieses tiefe Selbstvertrauen fehlt, das so viele Männer vom Tag ihrer Geburt an erfüllt, sind sie bereit, weniger für die gleiche Arbeit zu akzeptieren, für die ihre männlichen Kollegen außerordentlich gut bezahlt werden. Zu viele Frauen sind in der Wirtschaft noch willens, sich mit Streicheleinheiten zufrieden zu geben, statt eines Vertrags, ein Tätscheln am Kopf, statt einer substanziellen Gehaltserhöhung oder eines Bonus. Tun Sie das nicht. Hunden und Kindern wird der Kopf getätschelt. Frauen in der Wirtschaft bekommen Cash.

Seien Sie vorbereitet!

Das Geheimnis des Erfolgs ist die Vorbereitung. Damit meine ich, dass Sie Ihr Leben für alle Eventualitäten wappnen. Halten Sie Ihre Sensoren in Bereitschaft.

Ein Beispiel dazu, was ich meine. Sagen wir, Sie erstreben den Posten eines Bankkassierers. Sie gehen gern mit Menschen um und Sie genießen es, Geld in Händen zu halten. Dann richtet die Bank einen Geldautomaten draußen im Foyer ein. Sie kümmern sich nicht weiter darum. Es ist nur Zweckmäßigkeit. Banken werden immer Kassierer brauchen – oder?

Die Zeiten ändern sich. Noch zwei weitere Geldautomaten werden in Betrieb genommen. Ihre Bank richtet einen Online-Banking-Service ein. Sie stehen immer noch am Schalter, zählen Geld und tratschen mit den Kunden. Sie geben ihnen sogar die glänzenden, kleinen Broschüren mit den unverfrorenen Angeboten: BANK ONLINE! 24-STUNDEN-GELDAUTOMATEN! DIE ZUKUNFT DES BANKGESCHÄFTS IST IHR PC!

Eines Tages ist Ihre Branche voll automatisiert und Sie sind Ihren Job los. Sie können es nicht glauben. Wie konnte das passieren? Warum hat Ihnen das keiner gesagt? Was sollen Sie jetzt bloß tun?

Technologien entwickeln sich so rasend schnell, dass es sich niemand mehr leisten kann, seinen Kopf durchzusetzen. Statt zu hoffen, Ihre Welt würde sich nicht von der Stelle rühren, bleiben Sie auf der Hut vor den neuen Möglichkeiten, die sich auftun. Lassen Sie sich nicht erwischen, während Sie einen pinkfarbenen Leichenwagen anstarren und sich wundern, wo Sie wohl waren, als die Regeln geändert wurden. Es ist wirklich nicht genug, dass Sie sich „sicher" sind, was Sie im Leben erreichen wollen. Es sind die unerwarteten Drehungen und Wendungen, die sich oft als die wichtigsten – und manchmal sogar besten – Ereignisse in Ihrem Leben herausstellen. Ich war mir sicher, was ich in meinem Leben erreichen wollte, und ich habe mehr erhalten, als ich erwartete.

Nichts ist heilig. Es würde mich nicht überraschen, wenn es in Zukunft elektronische Gerichtssäle gäbe. Das würde bedeuten, dass eine Menge Leute in schwarzen Roben in Wandschränken Staub wischen würden.

„Sag gute Nacht, Gracie"

Vor kurzem verstarb der Komiker George Burns. Er wurde 100 Jahre alt. In den 50er und frühen 60er Jahren hatten er und seine Frau Gracie Allen, die auch seine Varieté- und Radiopartnerin war, eine langjährige wöchentliche Fernsehserie mit dem Titel *Die Burns-&Allen-Show*. George Burns spielte immer den aalglatten, scharfen, Zigarren paffenden und direkten Mann zur naiv-doofen Nummer seiner brillanten Frau Gracie. Jede Folge endete mit einer kleinen Serie von unerfüllten Erwartungen, die schließlich im Keim erstickt wurden, indem George sich der Kamera zuwandte und sagte: „Sag gute Nacht, Gracie", und das tat sie natürlich. Sie hatten eine festgelegte Routine, die immer ihr letztes Stück beendete. Sie wussten, wann es Zeit war, von der Bühne zu gehen. Und, womöglich noch wichtiger, sie wussten, wie man ein Showdown am besten gestaltete. Sie ließen ihre Zuschauer immer mit dem Gefühl zurück, noch ein bisschen mehr sehen zu wollen. So in der Art fühlte ich mich, als sich die Chance auftat, das Familiengericht in New York City zu verlassen und meine Fähigkeiten als Richterin in ein Fernsehstudio nach Los Angeles zu verlegen. Ich dachte wirklich nicht daran, den Richterstuhl in jenem Jahr zu verlassen, aber ich wusste, der Zeitpunkt würde näher rücken, da ich weg wollte. Mein Frust über das System, die Bürokratie und die Gerichtsverwaltung häuften sich stetig seit Jahren. Und die tägliche Tretmühle und der emotionale Stress fingen ebenfalls an, mich zu zermürben. Ich war 25 Jahre lang eine gute Angestellte im öffentlichen Dienst. Ich steckte immer 110 Prozent meiner Konzentration und Energie in alles, was ich tat. Niemand sollte in einem anstrengenden Job bleiben, der das bloße Leben anderer Leute beeinflusst, wenn er sich selbst ausgebrannt fühlt. Was in manchen Berufen auftritt – Jura ist einer, Medizin ein anderer –, ist eine Form von Kampfesmüdigkeit. Ab irgendeinem Punkt erscheint der Glamour des Krieges langsam als normal, und dann sind Sie in der größten Gefahr. Ich sah mich um und bemerkte um mich herum viele Leute, die zu lange geblieben waren. Sie litten unter einer Kriegsneurose – sich voranquälend mit dem Autopiloten. Praktisch gesagt, ich lasse mich lieber von einem 50-jährigen Doktor am Bypass operieren, als von einem 70- oder 80-Jährigen. Warum? Ich will nicht daran denken, wie ein Skalpell über meinem geöffneten Brustkorb in einer Hand zittert. Ich will niemanden, der übermäßig ermüdet oder vergesslich wird. Und ich will mein Schicksal niemandem überlassen, der sagt: „Ich habe diese Prozedur so oft durchgezogen, ich könnte das im Schlaf." Es geht um mein Glück, das er ja mal versuchen könnte.

Sie müssen wissen, wann es Zeit ist, gute Nacht zu sagen.

Andererseits ...

... es wartet immer eine neue Gelegenheit hinter den Kulissen. Ich finde, eines der destruktivsten Konzepte, das wir uns selbst und unseren Kinder vorsagen, ist, dass jeder nur eine Karriere, eine Chance und eine entscheidende Gelegenheit habe. Wir fragen unsere Kinder, wenn sie kaum die Pubertät hinter sich haben: „Was wirst du werden?" Wir zwingen sie, ein „Hauptfach" zu wählen und ein Leben lang dabei zu bleiben. Wir legen willkürliche Schwellen für den Erfolg fest. Wehe dem, der es nicht „geschafft" hat, wenn er 30 wird. Es ist irgendwie lächerlich, die Grenze dafür, ob man es schafft, auf 30 festzusetzen, wenn die durchschnittliche Lebenserwartung bei 74 liegt.

Die Wahrheit ist, wir alle haben die Fähigkeit, wenn wir das wünschen, verschiedene Pfade an verschiedenen Punkten in unserem Leben zu verfolgen – ein Bestreben zu beenden und ein anderes zu beginnen. Wenn Sie das verstehen, dann werden Sie sehen, dass es so etwas wie Scheitern nicht gibt. Wenn Sie in den Vertrieb gehen und furchtbar schlecht darin sind, dann können Sie den Kurs wechseln. Es finden sich dauernd Leute im falschen Spiel wieder. Das heißt nicht, dass sie daran kleben bleiben. Entdecken Sie Ihre Möglichkeiten. Was machen Sie gern? Worin sind Sie von Natur aus gut? Was gibt Ihnen Zufriedenheit? Wenn Sie diese Fragen einmal beantwortet haben, bleibt nur noch zu klären, wie Sie sich vorbereiten für das, was Sie tun wollen. Gehen Sie in die Abendschule, tun Sie sich mit Freunden zusammen, tun Sie, was immer nötig ist, um Ihre Träume zu realisieren. Es ist eine Tragödie, wenn Sie Ihre Arbeit hassen. Es ist zerstörerisch, Sie fühlen sich miserabel und meist sind das dann auch die Leute, die um Sie herum sein müssen.

Neulich hatte ich ein kleines Gespräch mit einer Frau, während wir uns vor dem Kino anstellten. Sie war gerade 60 geworden – und sie hatte eben ein Medizinstudium abgeschlossen.

„Ein Traum hat sich erfüllt", erzählte mir die Ärztin. Das glaubte ich ihr auch. Sie strahlte Energie und Lebenslust aus.

Das Leben kann ein Abenteuer oder eine Pflichtübung sein. Wenn Sie in einem Beruf oder Job bleiben, obwohl dieser Sie nicht fordert oder begeistert, weil Sie ihn gewohnt sind und es bloße Routine ist, mit der Sie gelernt haben zu leben – dann verkaufen Sie sich selbst zu billig.

Erfolg ist Ihnen nicht verschlossen. Die Jury hält sich heraus, bis Sie Ihren letzten Atemzug getan haben.

5 Sie sind der Stamm des Baumes

Der Stamm des Baumes ist das Fundament, das Herz und der Kern. Wer ist der Stamm des Baumes in den meisten Haushalten, in den meisten Firmen? Die Frau. Frauen schaffen Wurzeln. Frauen bringen Leben in Familien, in Projekte und in Organisationen. Gäbe es nicht die beständige, stetige, antreibende Präsenz von Frauen, dann würde die soziale Ordnung ins Wanken geraten.

Aber wer sorgt sich um die Frauen? Wer nährt die Wurzeln des Baumes?

Frauen sind die, die hegen und pflegen, nicht die, um die man sich kümmert. Es liegt in der Natur der Frau zu geben. So wie der vitale Saft, der den Baum am Leben erhält, immer zirkuliert und immer produziert, was andere gut brauchen können, um prächtig zu gedeihen. Wer kümmert sich um die Frau; wer pflegt den Baum?

Sie sind der Stamm des Baumes. Sie müssen zu sich selbst sagen: „Ich muss mich um mich selbst kümmern." Und wenn es andere auch tun, dann ist das ein Bonus, aber erwarten Sie es nicht von vornherein. Vielleicht lernen Männer eine Pflegetechnik, aber es kommt nicht von Natur aus. Diese Weisheit ereilt Frauen meist viel zu spät in ihrem Leben, nach Jahrzehnten von Frustration, Enttäuschung und Kummer.

Als ich ein Kind war, war es meine Mutter, die alles in Gang hielt. Ich liebte meinen Vater sehr, aber ich bemerkte erst, wie wichtig meine Mutter für uns alle war, als sie im Alter von nur 57 Jahren starb. Ihr Beitrag war so unauffällig, so scheinbar mühelos, dass er praktisch unsichtbar blieb, solange sie am Leben war. Bald nachdem meine Mutter von uns gegangen war, fiel mir auf, welch überaus wichtige Rolle sie hatte, damit unsere Familie funktionierte. Mein Vater stand immer im Rampenlicht, jetzt aber sehe ich, wie viel Anteil meine Mutter daran hatte, ihn gut, mitmenschlich und geschickt in sozialen Dingen aussehen zu lassen.

Es war meine Mutter, die all die Jahrestage, Geburtstage und besonderen Ereignisse im Auge behielt. Es war meine Mutter, die sich um all die Urlaubsvorbereitungen kümmerte, Partys organisierte, Kontakt zu Freunden hielt, Geschenke kaufte und einpackte und sich im Grunde um alle familiären Verpflichtungen sorgte. Sie hielt alles in Gang. Wenn ich zurückblicke, glaube ich nicht, dass ich mir all ihrer Mühen wirklich bewusst war, solange sie am Leben war, bis ganz zum Schluss. Es tut mir Leid, dass ich nie die Gelegenheit hatte, ihren entscheidenden Platz anzuerkennen. Obwohl ich mir sicher bin, dass sie meinen Vater liebte, glaube ich, sie war frustriert, weil er der Meinung war, er wäre der Stamm des Baumes. Sie wusste es aber anders. Sie war viel zu sehr Dame, um ihn je darauf aufmerksam zu machen. Meine Mutter arbeitete mit meinem Vater zusammen. Er war Zahnarzt und sie leitete sein Büro. Sie war eine sehr elegante Frau, obwohl sie nicht sonderlich an Mode interessiert war. Sie trug immer ihre bequemen weißen Schwesternschuhe, zusammen mit ihrem weißen Kittel. Sie trug nie Make-up auf. Sie tat andauernd etwas für andere; es lag wohl in ihrer Natur, denke ich.

Einmal, als sie sich wohl über meinen Vater wegen irgendetwas geärgert hatte, zog sie los und kaufte sich selbst einen großen Verlobungsring mit einem Diamanten. Diese Art Extravaganz war ihr völlig fremd. Sie hatte einen einfachen goldenen Ehering, den sie all die Jahre trug, die sie zusammen waren. Ich erinnere mich, dass sie mir erklärte: „Ich wollte ihn und ich habe ihn bekommen." Nachdem sie ihn nun hatte, trug sie ihn sehr selten. Ein paar Jahre später, als sie krank wurde, verkaufte sie ihn. Es ging ihr nicht um den Ring selbst, sondern darum, was er repräsentierte – einen seltenen Moment, da sie sich um sich selbst gekümmert hatte.

Dieser Ring stand für etwas. Ihn zu kaufen war die hemmungsloseste Tat, die meine Mutter je unternahm. Erst kürzlich wurde ich daran erinnert, als ich mit meiner Freundin Elaine einkaufen ging.

Der Verlobungsring

Jerry schenkte mir keinen Verlobungsring, als wir uns entschlossen zu heiraten. Ich gestehe Ihnen im Vertrauen, dass ich ein wenig enttäuscht war. Eines Tages im vergangenen Jahr ging ich mit Elaine zum Juwelier, um einen großen Diamantring zu kaufen. Er war eine echte Schönheit. Als ich nach Hause kam, saß Jerry Zeitung lesend auf der Couch. „Was hast du heute so gemacht?“, fragte er.

Ich sagte: „Ich war mit Elaine einkaufen.“

Ohne von der Zeitung aufzublicken, fragte Jerry: „Wo seid ihr hingegangen?“

Ich sagte: „Zum Juwelier.“

Das erregte seine Aufmerksamkeit. Er nahm seine Zeitung herunter und starrte auf meine ausgestreckte Hand mit dem funkelnden Ring an meinem Finger. Und dann sagte er diese unsterblichen Worte: „Schön für dich.“

Das liebe ich an Jerry. Er weiß, er ist kein Meister, was innereheliche Pflegegesten anbelangt. Aber er will, dass sich jemand um mich kümmert, auch wenn ich es selbst tun muss. Wiederholte ich das Leben meiner Mutter, fragte ich mich? Ich wollte diesen Ring wirklich und ich hatte zuvor noch nie so etwas. War es Luxus? Hätte ich das Geld irgendwo anders klüger anlegen können? Natürlich. Wäre es besser angelegt gewesen in einem Keogh oder IRA[4] – gespart für die Zukunft, den Ruhestand, die Hochschulausbildung meines Enkelkindes oder was auch immer? Wahrscheinlich. Ich entschied mich jedoch für diese Position: Von Zeit zu Zeit Geld für etwas auszugeben, das Ihnen Freude bereitet, ist Nahrung für die Seele. Fühlen Sie sich nicht schuldig. Nehmen Sie es als einen großen Schluck Wasser für den Stamm des Baumes.

Gönnen Sie sich eine Pause

Die schwierigste Zeit in einer Ehe ist die Phase, wenn die Kinder klein sind. Vieles davon hat mit Fairness und Verantwortung zu tun. In der Mehrzahl der Ehen sind Frauen immer noch die Hauptversorgerinnen der Kinder und als solche bringen sie die größten persönlichen Opfer. Trotz der großen Angriffe, die Frauen auf Arbeitsplätze und die Welt unternommen haben, ist die Familienskala für Verantwortung meist sehr stark aus dem Gleichgewicht. Mamas kochen, putzen, besorgen die Wäsche, kümmern sich um das Kind. Papas sind schon viel besser als früher im „Helfen", aber das ist gewöhnlich das höchste der Gefühle – „Helfen". Diese fundamentale Ungerechtigkeit schafft Feindseligkeit. Das trifft vor allem dann zu, wenn Sie eine berufstätige Frau sind, die vielleicht drei oder sechs Monate Mutterschaftsurlaub nach der Geburt des Babys nimmt. Oder Sie kündigen eventuell Ihren Job ganz, wenn die Kinder klein sind. Ihr Gatte geht zur Arbeit – und da hocken Sie nun. Das passt nicht zusammen. Sie sind an eine aktive Umwelt gewöhnt, an den Austausch von Ideen – und plötzlich löffeln

---

[4] Keoghs Plans und IRA: staatl. geförderte Altersvorsorge für Selbstständige bzw. Angestellte (Anm. d. Ü.)

Sie Alete[5]. Sie beginnen zu grübeln. Sie sind eingeengt. Sie haben ein kleines Baby, das völlig von Ihnen abhängig ist, Sie haben keine Zeit mehr für sich allein, Ihre Gespräche beschränken sich auf „Ooh-ga“ und „Ma-ma“ und Ihre Karriere ist auf unbestimmte Zeit gestoppt. Sie fangen an, Ihrem Mann seine Freiheit übel zu nehmen und dass Sie gezwungen sind, sich in Ihre neue Rolle als Mutter zu fügen. Und, um es auf die Spitze zu treiben, ohne Ihr früheres Gehalt tun sie das alles jetzt für nichts. Ja, vielleicht haben Sie es so gewollt, aber es ist unmöglich, sich umfassend darauf vorzubereiten.

Wenn die Kinder größer werden, steigen auch die Verantwortung und die Ansprüche. Es entsteht mehr Stress als je zuvor in der Beziehung. Die typische Vorgehensweise ist, dass ein Elternteil den guten Polizisten spielt – „Ich beschütze dich vor den psychotischen Wutausbrüchen deiner Mutter“ – und der andere wird zum bösen Bullen – „Du willst heulen? Ich geb dir einen Grund zum Heulen!“ Gewöhnlich läuft es so, dass der Vater den guten Polizisten spielt, weil er nicht in den täglichen, minütlichen Hickhack involviert ist. Das Zerwürfnis im Paar entwickelt sich dann, wenn der böse Polizist versucht, Disziplin zu erzwingen, und der gute Polizist eingreift, um das „kriminelle“ Kind zu retten. Es ist wie in der Showdown-Szene am Höhepunkt des Films High Noon. Mein Mann war immer Gary Cooper und ich war immer der von allen erwartete Bösewicht, der aus dem Zug stieg.

Sie verbringen Ihre Tage in dieser Atmosphäre, geben alles von sich und erhalten dafür im Gegenzug wenig Anerkennung. Der Gipfel ist, wenn Ihr Partner nach Hause kommt und fragt, was Sie den lieben langen Tag gemacht hätten, während er

---

5 Im amerikan. Original: Pablum, Babybrei der Firma Heinz (Anm. d. Ü.)

arbeitete – in einem Tonfall, der durchblicken lässt: „Sieht nicht so aus, als wäre es sonderlich viel."

Mein Rat: Werden Sie krank. Entwickeln Sie ein Leiden für ein paar Tage – vorzugsweise über das Wochenende. Sie sind so schwach, dass Sie einfach nicht das Bett verlassen können. Lassen Sie Papa das alles machen. Es wird ihm wirklich die Augen öffnen und Sie verschaffen sich damit eine wohlverdiente Pause.

Du machst das, Mädel

Als man mich fragte, ob ich eine Fernsehshow machen wollte, begann ich, über die Botschaft nachzudenken, die ich der Welt geben wollte. Wenn man eine so große Bühne hat, kann man sie auch für etwas nutzen.

Jedoch war ich nicht wirklich auf dieses Maß an Enthusiasmus vorbereitet, den ich bei jungen Frauen erntete. Überall, wo ich hinkam, feuerten sie mich an mit Rufen wie „Nichts wie ran, Richterin, sie zeigens denen!" Ältere Frauen erzählen mir, dass ihre Töchter von der Schule nach Hause hetzen, um die Show zu sehen. Mein Gefühl sagt mir, ich bin zu einem positiven Rollenmodell für junge Frauen und Mädchen geworden. Das freut mich ungeheuer, denn meine Botschaft ist klar und sehr wichtig: Frauen haben die Macht, Entscheidungen zu treffen, etwas so zu benennen, wie sie es sehen, und Angriffe nicht hinzunehmen. Ich repräsentiere das für Millionen von jungen Frauen und Mädchen und das macht mich stolz. (Ich habe auch herausgefunden, warum *Richterin Judy* bei so vielen Männern erfolgreich ist. Sie sehen mir zu und denken: „Vielleicht ist das, was ich zu Hause habe, gar nicht so schlecht.")

Ich erzähle Frauen, sie sollen sich selbst lieben, sich respektieren und von anderen Respekt einfordern. Wer ist der Stamm des Baumes?

Ich muss allerdings zugeben, dass es mich einige Zeit gekostet hat, bis ich hinter diese Sache mit dem Stamm des Baumes gekommen bin. Ich hatte es einfach nicht gelernt, ohne gewisse Schuldgefühle für mich selbst zu sorgen. Nachdem ich 1996 beim Familiengericht mit seinen mörderischen Zehnstundentagen ausschied und mit der Fernsehsendung begann, hatte ich plötzlich viel mehr Zeit für mich selbst zur Verfügung als in mehr als 30 Jahren, da eine anstrengende Karriere und das Familienleben mein Stehvermögen auf die Probe stellten. Anfangs fühlte ich mich fast schuldig. Ich versuchte, mich sehr geschäftig zu geben, nur so als Show. Darüber bin ich jetzt allerdings hinweg. Jetzt, wenn Jerry nach Hause kommt und fragt: „Was hast du heute so getan?“, antworte ich vielleicht: „Ich war bei der Kosmetikerin, dann habe ich ein Schläfchen gemacht. Dann bin ich aus dem Haus, bin zur Reinigung, habe mit Elaine zu Mittag gegessen und mich maniküren lassen. Dann bin ich nach Hause, habe ein wenig gelesen und mir noch ein Schläfchen gegönnt. Das war mein Tag.“ Wenn Jerry sich umsieht und zurück ins Wohnzimmer kommt und fragt: „Wo ist mein Abendessen?“, dann sage ich meistens: „Gegenüber, auf der anderen Straßenseite“, womit ich die Pizzeria oder den Imbiss gegenüber unseres Appartementhauses in der Stadt meine.

Keine Entschuldigungen. Keine Schuldgefühle. Wenn ich arbeite, dann arbeite ich hart. Aber in der Vergangenheit war Erholung für mich gleichbedeutend mit Faulheit und jetzt weiß ich, dass das verrückt ist.

Sie sehen so gut aus, wie Sie sich fühlen

Lassen Sie uns einen Moment über das Thema „Schönheit“ sprechen. Vergessen Sie all die perversen und willkürlichen Erwartungen an Frauen über Gewicht und Haare, Haut und Mode. Es gibt nur einen Grund, warum Sie so gut wie nur möglich aussehen sollten, um sich so gut wie nur möglich zu fühlen. Wir sind, was wir fühlen.

Ich kümmere mich um mich selbst und um mein Äußeres, weil es mich in Schwung bringt. Ich mag es, der Welt selbstsicher gegenüberzutreten. Wir alle überprüfen uns gegenseitig. Sie können jemanden anschauen und denken: „Diese Person kleidet sich mit einiger Überlegung. Sie sorgt für sich.“

Die richtige Kleiderwahl zu Ihrer Figur, die Fähigkeit, Make-up kunstvoll aufzutragen und bereit aussehen, der Welt entgegenzutreten – all das führt zu einem klaren, wenn auch sublimen Eindruck auf jeden, den Sie treffen.

Trotzdem sollten Ihre Entscheidungen über Frisur und Kleidung nicht von den Vorlieben und Abneigungen Ihres Partners diktiert werden. Es ist wirklich nicht so wichtig, dass Sie perfekt aussehen und körperlich so perfekt wie möglich sind für andere Leute. Das Allerwichtigste ist, dass Sie das alles für sich selbst tun. Auch wenn Sie wissen, sie werden einen ganzen Tag oder länger völlig allein sein, besteht immer noch kein Grund, warum sie morgens nicht aufstehen sollten, sich waschen, ein wenig Make-up auflegen und die Haare kämmen und etwas Sauberes, Bequemes und nett Aussehendes anziehen. Es kommt darauf an, was das bei Ihnen bewirkt, nicht bei anderen. So werden Sie sich wohl fühlen – wach, aufgeweckt, erfrischt, knackig und bereit, den Tag anzugehen.

Rapunzel

Weil ich gerade dabei bin, möchte ich etwas zum Thema „Haare“ sagen. Viele Männer lieben einfach langes Haar bei Frauen – sie finden, sie sähen damit sexy aus, vermute ich. Wenn es aber so ist, dass Sie sich mit kürzeren, leichter handhabbaren Haaren wohler fühlen und der Mann, mit dem Sie zusammen sind, verrückt nach langen Haaren ist, dann kaufen Sie ihm ein Exemplar des Märchens Rapunzel. Es handelt von einer schönen jungen Frau mit genügend Haar, um die ganze Nation zu bedecken. Machen Sie das, was für Sie in Ordnung ist, nicht für ihn. Wenn es so wäre, dass sie erwähnten, wie überaus gut aussehend Sie Michael Jordan fänden und dass Sie gerne sähen, wie Ihr Partner mit kahl rasiertem Kopf aussehen würde – sehr hip übrigens zurzeit – würde er dann ins Bad eilen und es so machen? Nicht in einer Million Jahren.

Verbesserungen

Der Amerikanischen Gesellschaft für plastische und rekonstruierende Chirurgie zufolge ist die beliebteste Behandlung heutzutage die Brustvergrößerung. Nun, ich habe nichts gegen plastische Chirurgie. Will eine Frau ihr Aussehen in ihren eigenen Augen verbessern, dann sage ich, nur zu. Aber ich muss mich über Brustvergrößerungen wundern, denn große Brüste sind eine männliche Phantasie, nicht eine weibliche Phantasie.

Letztes Jahr hatte ich so einen Fall bei *Richterin Judy*. Eine Frau verklagte einen Arzt, weil, so behauptete sie, nach zwei Operationen zur Brustvergrößerung ihre Brüste nicht perfekt seien. Sie meinte, sie würde eine dritte Behandlung brauchen, um das Problem zu bewältigen, und ihr Mann stand ihr zur Seite und stimmte ihr voll zu. Da es keine Fotos gab, bat ich die Frau, mit mir in meine Räume zu kommen, damit ich den Beweis sehen könnte. Es reicht wohl, wenn ich sage, es waren die Brüste einer Göttin. Wenn diese ungleich waren, wie sie behauptete, dann war das sicherlich nicht sichtbar für das bloße Auge. Ich kehrte zur Richterbank zurück und sagte: „Ich bin neidisch. In meinem Alter, ob gleich oder ungleich, ich bin einfach froh, dass ich sie habe." Diese Feststellung entsprach der Wahrheit, aber es musste noch mehr über ihre fixe Idee gesagt werden. Ich konzentrierte mich auf ihren Mann.

„Sir", sagte ich, „Sie ermutigten Ihre Frau, eine weitere Schönheitsoperation, die dritte, über sich ergehen zu lassen." Ich war bestürzt und das war sichtbar. „Sie hätten sie ermutigen sollen, einen Psychiater aufzusuchen."

Für mich war klar, dass die Zwangsvorstellung der Frau direkt mit dem eifrigen Einverständnis des Mannes zusammenhing. Statt ihr zu sagen, sie sei wunderschön und dass er nicht wolle, dass sie noch einmal aufgeschnitten würde, nährte er ihre Unsicherheit. Er war der Richter und die Jury für die leiseste Unvollkommenheit ihrerseits.

Meine Damen, tun Sie es für sich selbst, nicht für ihn. Und denken Sie daran, jene Bilder im Playboy sind retuschiert und getürkt.

Halten Sie Ihre Zähne zusammen

Ich sprach mit einer Frau, die seit 35 Jahren verheiratet ist. Ihr Mann hat sie niemals ohne das komplette Make-up gesehen. Sie stellt ihren Wecker jeden Tag auf halb fünf Uhr morgens – und sie ist jeden Tag komplett fertig, bevor ihr Mann seine Augen öffnet. Ihr Mann steht auf und läuft „unplugged" herum. Es ist wie die Schöne und das Biest.

Ich würde nicht so weit gehen und schon um halb fünf Uhr aufstehen, aber ich begrüße die Ansicht, sich immer von der besten Seite zu zeigen. Ich habe immer versucht, mich meinem Ehemann nur zu zeigen, wenn ich auf der Höhe bin. Das tue ich aus einem sehr guten Grund. Stehen die Dinge gut in einer Beziehung, wird Ihr Mann Sie immer im positivsten Licht sehen. Steht es aber nicht so gut, besteht die Tendenz, all die schlechten Momente wieder hervorzuholen und darüber zu brüten. Fünf Jahre, zehn Jahre. Wir sind in der Lage, in lebhaften Details Tage, Momente, Gespräche, Gesten und das Aussehen aus 20 Jahren Vergangenheit wieder hervorzuholen.

Gerade so wie Frauen sich an jede Scheußlichkeit und Widerlichkeit, die ihre Ehemänner jemals gesagt oder getan haben, erinnern, so scheint das auch für Männer zu einem Verhalten zu gehören, das in der menschlichen Natur begründet liegt. Steht eine Beziehung auf wackligen Beinen, kramen sie in den Tiefen ihres Gehirns, um das besonders Negative und Hässliche über ihre jetzt ungeliebte Partnerin zu finden. Falls und wenn das passiert, will ich nicht, dass mein Mann Erinnerungen an eine groteske Kreatur aufwärmt, die aussieht wie ich, wenn ich morgens ungewaschen und ungekämmt aus dem Bett falle. Warum ihm freiwillig Munition liefern?

Daher stehe ich also jeden Tag vor meinem Mann auf, bürste mein Haar und benutze ein wenig Lippenstift, damit sein erster verschlafener Blick auf mich angenehm ist. Das hinterlässt bei mir ein gutes Gefühl. Ich habe schon in frühen Jahren gelernt, dass ein körperlicher Mangel sich in das Gedächtnis eingraben kann. Als ich 15 war, hatte ich meinen ersten ernsthaften Freund, Marvin. Er war kein ausgesprochener Siegertyp, aber das hätte ich mir nicht sagen lassen. Ich war 15 und verliebt. Mein Vater wusste, dass Marvin nicht der Hit war. Eines Abends saßen wir beim Abendessen und meine „Romanze“ mit

Marvin war auf ihrem Höhepunkt. Mein Vater sah mich an und meinte: „Denkst du, er linst durch dieses Loch zwischen seinen beiden Vorderzähnen?“ Wir waren eine sehr zahnbewusste Familie – mein Vater war ja Zahnarzt. Nun, das war's. Jedes Mal, wenn ich Marvin ansah, konnte ich sehen, dass zwischen zweien seiner Vorderzähne eine Lücke war, und ich konnte mir nicht helfen, ich musste mir vorstellen, wie er durch dieses Loch spähte. Die Romanze war bald vorüber. Die Erinnerung blieb mir aber und beeinflusste die Art, wie ich von dem Mann, den ich liebte, gesehen werden wollte. Daher bürste ich also mein Haar und benutze Lippenstift. Mein Mann wird niemals die Gelegenheit haben, mich zu sehen, wie ich durch die Lücke zwischen meinen Zähnen spähe.

Schauen Sie auf sich selbst

Wird der Baum braun und stirbt, beschuldigt er dann seine Zweige? Natürlich nicht, aber Sie würden das nie glauben, wenn Sie all die Machenschaften hören würden, die mir im Gerichtssaal vorgetragen werden. Meine Erfahrung auf der Richterbank könnte zusammengefasst werden mit „1001 Entschuldigung“. Entschuldigungen sind das tägliche Brot des Gerichtsalltags:

„Ich habe ein Geschäft ausgeraubt, weil meine Mutter mich nicht liebte.“

„Ich bekam ein uneheliches Kind, weil ich benachteiligt bin.“

„Ich ließ zu, dass er mich missbrauchte, weil ich in der Falle saß.“

„Ich kann wegen Diskriminierung keinen Job finden.“

Ich weiß, diese Ansicht ist kontrovers, aber ich glaube, dass Opfer selbst gemacht sind. Sie kommen nicht so auf die Welt.

Sie entstehen nicht durch die Umstände. Es gibt viele, viele arme und benachteiligte Menschen, die furchtbare Eltern hatten und unter großen Härten zu leiden hatten, denen es jetzt einfach gut geht. Einige steigen sogar bis zur Großartigkeit auf.

Sie sind für die Pflege Ihrer Wurzeln und deren Erblühen verantwortlich. Niemand kann Ihnen das abnehmen. Wenn Sie sich dafür entscheiden, Opfer zu sein, werden Sie Ihr Leben durch Ihre eigene Hand zerstören.

6 Sie können einem Stier nicht das Tanzen beibringen

Haben Sie schließlich verstanden, dass Sie der Stamm des Baumes sind, so müssen Sie auch einer schrecklichen Wahrheit ins Auge blicken: Der Versuch, einen Mann zu verändern – ihn hilfsbereiter, interessierter, sozial akzeptierter, sensibler und domestizierter zu machen –, ist ungefähr so plausibel und machbar wie der Versuch, einem Stier den Twostep beizubringen. Das Ergebnis wird ein Haufen zerbrochenes Porzellan sein und jede Menge Ärger für Sie. Ich wurde über diese Tatsache während einer wackligen Phase meiner Ehe aufgeklärt. Mein Mann Jerry und ich hatten eine eheliche Sackgasse erreicht und nach viel Überredungskunst stimmte mein „Stier" widerwillig zu, an einer Sitzung bei einem Eheberater teilzunehmen. Wir saßen nebeneinander, nur Zentimeter voneinander entfernt, auf einer Couch, während ich mit meinen Klagen heraussprudelte. Deren gemeinsamer Nenner war, er würde mich und meine Bedürfnisse nicht verstehen. Kommt Ihnen das bekannt vor? Mein gut aussehender, hinreißender Stier knurrte oft, fühlte sich sichtlich unwohl, aber er war gefangen für volle 50 Minuten. Jerry und ich waren seit 15 aufregenden und interessanten Jahren miteinander verheiratet, aber diese ganze Zeit über frönte ich dem weiblichen Kampf, ihn dazu zu bewegen, wie eine Frau zu denken. Die Sitzung war fast vorüber, als der Therapeut nach einer großen Schale mit Trauben griff. Er reichte sie meinem Mann mit der Aufgabe, mich vorsichtig Traube für Traube damit zu füttern, und ich sollte sein Angebot annehmen, ohne ihn zu berühren oder ihm zu helfen. Der symbolische Gehalt dieser Übung entging mir nicht. Er gab, ich nahm entgegen. Da wir den freundlichen

Therapeuten nicht beleidigen wollten, der aussah, als hätte er eben das Rad neu erfunden, führten wir die Übung bis zum Schluss durch, dankten ihm, warfen 100 Dollar hin und gingen. Die kommende Woche zog Jerry jedes Mal, wenn ich anfing, mich über sein mangelndes Verständnis, Einfühlungsvermögen, seine Fürsorge zu beklagen, eine kleine Schachtel Rosinen hervor (er hatte entschieden, Trauben wären zu umständlich) und forderte, ich sollte mich setzen und mich füttern lassen. Die Übung rief aber nicht die versprochene Intimität hervor. Sie war nur schlicht und einfach irritierend. Und dann überkam es mich – das war der Wendepunkt. Ich war 50 Jahre alt. Ich beschloss endlich, der Kampf sollte vorüber sein. Es traf mich wie ein Blitzschlag. Ich hatte einen Großteil meines Erwachsenenlebens darauf verwendet, meinem von mir ausgewählten Stier das Tanzen beizubringen.

Ob es an der Natur lag oder der Erziehung, ich schaffte es einfach nicht, diesen Stier zum Cha-Cha-Cha zu bewegen. Wollte ich also inneren Frieden und Glück, so musste das aus mir selbst kommen. Warum hatte ich jemals erwartet, er solle mir das geben? Er war einfach so, wie er war, und ganz egal, was ich auch täte, er würde sich nicht so sehr verändern. Ich dachte an die vielen tausend bekümmerten Paare, die ich als Richterin am Familiengericht gesehen hatte, und all meine Freundinnen, deren grundsätzliche Klage immer auf dasselbe Thema hinauslief. Sie können dem Stier nicht das Tanzen beibringen. Wir müssen unsere Töchter so erziehen, dass sie allein mit ihrem Leben fertig werden – und nicht von dem gleichen Berg Frustrationen hingehalten werden, der Frauen seit Generationen paralysiert. Frauen sehen Männer immer noch als die Quelle für jede bedeutungsvolle Anerkennung an, wie Leuchtfeuer im tiefen, dunklen und kalten Weltraum. So einfach ist es nicht. Liebe muss vor allem und zuerst aus Ihrem eigenen Inneren strömen – wir müssen unsere jungen Frauen lehren, sich selbst zu lieben und zu respektieren. Die Bestätigung Ihres Wertes als Mensch ist nicht von der Anerkennung irgendeines Mannes abhängig, sei es Ihr Ehemann, Bruder, Vater oder Ihr Liebhaber. Frauen sind vollständige Individuen, die keine Männer brauchen, um ihre Zielvorstellung und eine Richtung in unserer Gesellschaft zu verwirklichen. Die Zeiten haben sich geändert. Die Beziehungen zwischen Männern und Frauen verändern sich ebenfalls. Die alten Erwartungshaltungen, die alten Abmachungen sind nicht länger notwendigerweise anwendbar. Die meisten von uns wollen, dass unsere Männer eine Ergänzung zu uns bilden und uns das Gefühl geben, unser Leben sei ausgewogen und vollständig. Wenn Sie von Ihrem Mann erwarten, er solle jede Ihrer subtilen emotionalen Veränderungen verstehen und Sie immer als völlig gleichberechtigte Partnerin behandeln; wenn Sie von ihm erwarten, er solle sich einfühlen, wenn Sie einen besonders scheußlichen Anfall von Regelschmerzen haben, Krämpfe, Hitzewallungen, Menopause oder die tausend anderen kleinen Höllen, zu denen nur Frauen neigen, dann werden Sie am Ende nur frustriert, enttäuscht oder unglücklich sein.

Ich habe mich jahrelang Männern gefügt, weil es so von mir erwartet wurde; es war angebracht und es war notwendig, um den Frieden zu erhalten, und ich ärgerte mich darüber. Es wurde von meiner Generation so erwartet. Feminismus und Befreiung der Frau sind nur Worte dort draußen in der wirklichen, alltäglichen Welt. Ideale stellen sich nicht immer als so gut heraus, wie sie klingen. Der innere Frieden wird dann Wirklichkeit, wenn Sie die Unterschiede zwischen Männern und Frauen akzeptieren und sich dazu entschließen, das Filet zu genießen und die Knorpel zu verschmähen.

Hier etwas zum Nachdenken: Man sagt, es gäbe zwei Arten von Männern – jene, die es nicht kapieren, und jene, wo es zwar ankommt, aber falsch interpretiert wird.

Des Lebens Schmutz

Schmutz bezieht sich auf die Staubwolken, die sich in den Ecken Ihres Lebens halten, die belanglosen Ärgernisse. All der Kleinkram, der Schutt, der entstand durch den Versuch, einen jeden in Ihrem Leben unterzubringen. Schmutz ist meistens Frauenarbeit. Wir erledigen das aus zwei Gründen: Zum Ersten, damit es getan ist, und zum Zweiten, um den Frieden zu wahren. Männer werden sich nie des Schmutzes annehmen. Sie müssen sich mit der Tatsache abfinden, dass es in Beziehungen fast nie eine gleichmäßige Verteilung der Verantwortung gibt. Das wird so nicht eintreffen. Es war wahrscheinlich nie so und es wird nie so sein. Am Ende müssen Sie einfach damit Ihren Frieden machen. Richten Sie Ihr Augenmerk auf all das Gute, das Sie in einer Beziehung bekommen. Wenn Sie Glück haben, kann Ihr Mann Sie ganz gut zum Lachen bringen. Und, ebenfalls wenn Sie Glück haben, räumt er ganz gut auf und Sie können ihn für eine gelegentliche soziale Leistung erwärmen. Sehr wichtig. Wärmt er Ihre Füße in kalten Nächten, so ist auch das ein Bonus. Und sorgt er sich um Sie und Sie sich um ihn; verlassen Sie sich auf ihn und er sich auf Sie, dann geht es Ihnen doch richtig gut. Verwerfen Sie die Ansicht, Liebe und Ehe seien ein Geschäft 50 zu 50 – das sind sie nicht. Wenn Sie das erkämpfen wollen, sind Sie die Einzige, die leiden wird.

Finden Sie heraus, mit welcher Verteilung Sie leben können. Wenn Sie 60 Prozent erledigen und er 40 oder sogar 35 und es ist für Sie in Ordnung, na wunderbar. Wenn Sie sich aber um 75 Prozent kümmern und er bringt es kaum auf 25, dann mag das anders aussehen. Die wirklich wichtige Frage ist, was bringt Ihren Gedanken Frieden?

Vor langer Zeit entschied ich, es sei für mich einfacher, das Staub saugen gleich selbst zu erledigen, bevor ich Jerry darum bat. Wenn Sie je beobachtet haben, wie ein Mann einen Staubsauger auf einem kleinen Stück Teppich vor- und zurückbewegt, während seine Augen auf den Fernseher fixiert sind, dann wissen Sie, was ich meine. Es stellte sich für mich auch als leichter heraus, das Badezimmer gleich selbst sauber zu machen, statt Jerry dort vorzufinden, wie er einen Fleck auf dem Spiegel mit dem Küchenschwamm wegwischt, mit dem er eben die Toilette geputzt hat.

„Das ist der Küchenschwamm."

„Was?"

„Das ist der Küchenschwamm. Der Schwamm, mit dem du eben den Toilettensitz geputzt hast, den hast du aus der Küche, oder?"

„Ja, hab ich. Ich nehme an, das ist der Schwamm aus der Küche. Jetzt ist es der Badezimmerschwamm."

Sie verstehen, was ich meine. Es ist den Aufwand an Ärger nicht wert. Kurioserweise erzählten mir meine Kinder, dass Jerry ein wahrer Saubermann wurde, als wir geschieden waren. Er begrüßte sie an der Tür zu seinem Appartement mit einer Flasche Putzmittel in der einen und einem Tuch in der anderen Hand, folgte ihnen überall hin, wischte jeden Fleck weg und ermahnte sie, nichts zu berühren. Was war bloß mit dem Kerl geschehen? Ich habe es nie herausgefunden. Ich nehme an, er fühlte sich irgendwo zwischen der Fifth Avenue und dem Central Park verloren.

Manchmal ist es einfacher, Sie machen es selbst. Es gibt jedoch Ausnahmen.

Laufen Sie nicht Gefahr, niedergetrampelt zu werden

Nur weil Sie dem Stier nicht das Tanzen beibringen können, heißt das nicht, Sie müssen zulassen, dass er wie wild herumrennt und die Petunien niedertrampelt. In der Zeit, als ich mit Jerry verheiratet war, gab es Gelegenheiten, da ich die Verteilungen in unserer häuslichen Landschaft wieder neu abschätzen musste. Das passierte meist dann, wenn eine Angelegenheit aus Inkonsequenz und Banalität sich plötzlich wie ein Hundebiss in meinem Nacken anfühlte.

Zum Beispiel die Hemden. Bis vor einigen Jahren kümmerte ich mich gewöhnlich um alles, was mit Reinigung und Wäsche zu tun hatte. Typischer Hausfrauenkram – obwohl ich hinzufügen muss, dass wir dieselbe Position bekleideten, beide Richter waren und dasselbe Gehalt erhielten. Ich schickte seine Hemden zusammen mit meinen Blusen, Kostümen und Kleidern weg.

Er war nie mit dem Ergebnis zufrieden: ein fehlender Knopf, zu viel gestärkt, nicht genug gestärkt, der Kragen wurde falsch gebügelt. Jede Woche erhielten wir die Sachen aus der Reinigung zurück und auch die Hemden; jede Woche verwendeten wir fünf Minuten auf jedes Hemd, in denen Jerry all die Mängel der Reinigung herausstellte. Wir führten lange, komplexe Diskussionen über verschiedene Bügeltechniken oder eine falsch platzierte Falte, bis Jerry sagte: „Ich will, dass du ihm dieses hier zurückbringst und es ihm zeigst. Und bring das da auch zurück." Und das tat ich, jahrelang. Ich wechselte die Reinigungen und suchte nach einem Geschäft, wo Jerrys Hemden so behandelt würden, wie er sie haben wollte. Dann, unerklärlicherweise, sagte ich eines Tages zu mir selbst: „Hey, Judy, wer bist du denn? Etwa eine Idiotin? Was reibst du dir dafür selbst die Nerven auf? Hast du noch nicht genug zu tun? Musst du auch noch die perfekte Reinigung finden?“

Nennen Sie mich ruhig passiv-aggressiv. Ich sagte nichts zu Jerry. Ich hörte einfach damit auf, mich um die Reinigung seiner Hemden zu kümmern. Ich ließ zu, dass sie sich auf dem Boden seines Wandschrankes türmten, bis er anfing, Krawatten zu T-Shirts zu tragen. Da dämmerte es ihm langsam. „Liebling?“, hörte ich ihn eines Morgens ratlos aus der Richtung seines Schranks rufen. „Ich habe gar keine sauberen Hemden mehr? Was ist mit meinen Hemden passiert?“

Schließlich kam er ihn die Küche, wo er mich beim Kaffee machen fand.

„Liebling?“, fing er wieder an. „Alle meine Hemden sind schmutzig.“

„Ich weiß das“, antwortete ich.

„Was soll ich denn heute am Gericht tragen?“, fragte Jerry klagend.

„Warum gehst du nicht den Stapel am Boden deines Schranks durch und siehst nach, ob du nicht das Richtige finden kannst?“, schlug ich ihm hilfsbereit vor.

„Alle meine Hemden sind schmutzig“, wiederholte Jerry erstaunt.

„Deine Hemden sind schmutzig, weil ich sie nicht in die Reinigung gebracht habe. Frag mich doch, warum“, sagte ich zu Jerry.

Er fiel auf den Köder herein. „Warum?“

„Weil ich war in den letzten drei Jahren bei zwölf verschiedenen Reinigungen und keine davon kann deine Hemden so behandeln, wie du sie haben willst. Ich bin jetzt eine Persona non grata bei all denen. Also bringe ich deine Hemden nicht mehr weg zur Reinigung. Ich will mich damit nicht mehr belasten. Es ist ärgerlich, wenn ich die Reinigung betreten und deine Litanei an Beschwerden dort vortragen muss. Sie sind darüber nicht glücklich und ich bin es auch nicht. Es nervt mich schon, wenn ich alles einsammle, weil ich weiß, ich werde am Ende nur eine Flut an Beschimpfungen von dir ernten. Du weißt, es gibt 15 Reinigungen in der näheren Umgebung, und ich war bereits bei fast allen. Tatsächlich habe ich jetzt eine für mich gefunden, die ich mag. Ich werde dir nicht sagen, wo sie ist, denn wenn ich deine Hemden dorthin bringe, wird alles in einem Monat vorbei sein. Ich kann das nicht mehr – ich muss mir mein Leben vereinfachen."

Jetzt bringt Jerry seine Hemden selbst in die Reinigung. Eine andere als die, in der ich Kundin bin. Ich werde ihm immer noch nicht sagen, wo ich hingehe. Glauben Sie mir, es ist besser so. Ich würde fast wetten, dass er jetzt nie Beschwerden äußert, wo er ihnen selbst von Angesicht zu Angesicht gegenübersteht. Ich würde nicht so weit gehen und behaupten, er hätte sich geändert, zumindest aber habe ich ein Ärgernis aus meinem Leben entfernt. Und das ist der Punkt. Manchmal ist es einfacher, etwas selbst zu erledigen, wenn es Sie verrückt machen würde, darauf zu warten, dass er es richtig macht. Aber ist es „Kleinkram", dann können Sie es leichten Herzens laufen lassen. Ich fühlte mich großartig, als die wöchentliche Hemdenkrise aus meinem Leben gestrichen war.

Die Titanic

Genauso mit dem Boot. Ich bin ein großer Fan von Kanus. Geringe Unterhaltskosten, ruhig, leicht zu transportieren, keine beweglichen Teile, man muss nichts putzen. Eine Aktivität, angetrieben durch eigene Körperkraft, die Gleichgewichtssinn, Gefühl für Symmetrie und Muskeln erfordert.

Wir kauften ein traumhaftes Haus an einem See im oberen Teil des Staates New York. Ein kleines Kanu war dabei, mit dem Jerry und ich an lauen Sommerabenden durch die stillen Gewässer paddelten. So stellte ich mir den Himmel vor. Die Familie aber – vor allem die Männer – wollten ein richtiges Boot, von der Sorte, die einen Motor hat und Sprit braucht. Ich wehrte ab, wurde schließlich aber mit den vereinten Kräften meines Mannes, der Kinder und Enkelkinder überredet. „Wir können Wasserski fahren! Die Babys können in Schlauchbooten, die an dem Boot befestigt sind, schwimmen. Wir werden so viel Spaß haben!“ Also kauften wir ein Boot. Weniger als eine Woche später ruinierte Jerry schon den Propeller und die Welle an ein paar Felsen, die plötzlich aus dem Nichts auftauchten. Das Boot brauchte umfangreiche Reparaturen. Wie schafft man das? Nicht so einfach. Es handelt sich um ein großes Boot. Es muss aus dem Wasser gezogen, auf einen Anhänger gehievt, zu einer Bootsreparaturwerkstatt transportiert werden und dann, wenn es repariert ist, auf einen Anhänger gehievt, zurücktransportiert und am See wieder zu Wasser gelassen werden. Natürlich wurde das alles von mir arrangiert und gehandhabt. Zehn Tage später, Jerry und die Kinder kamen von einem Nachmittag auf dem See zurück, sagte Jerry: „Du musst die Bootsreparaturwerkstatt noch mal anrufen. Die Motoren sind nicht in Ordnung – sie klopfen. Sag ihnen, sie sollen kommen und es aus dem Wasser heben und reparieren.“

Ich hatte an jenem Tag ziemlich viel Sonne erwischt. Mein Gehirn kochte. Ich explodierte. „Was mich betrifft, kannst du in diesem verdammten Boot Geranien pflanzen. Ich rufe nicht an. Ich warte nicht hier auf die Jungs von der Bootsreparatur, ich werde nicht lang und breit mit dem Mechaniker über Innenbord- und Außenbordmotoren diskutieren. Ich werde nicht unzählige Nummern anrufen, um ein Handbuch für das Boot aufzutreiben. Nichts da! Ihr wollt mit diesem Boot euren Spaß haben, ihr wolltet es unbedingt haben, dann kümmert ihr euch um die Telefonanrufe und die Arrangements und seid da, wenn es abgeholt und wegtransportiert wird und all das andere. Mir reicht es. Ich habe genug von dem Boot."

Ah, was für eine Last da von mir abfiel. Dieses Gefühl von Freiheit kehrt vielleicht kein zweites Mal in meinem Leben wieder.

Hier die Lektion dazu. Wir ermutigen unsere Männer und Kinder zu erlernter Hilflosigkeit, weil es uns das Gefühl gibt, gebraucht zu werden. Irgendwie glauben wir, unsere Männer und Kinder würden uns über alles lieben, wenn wir so viel Verantwortung als nur möglich auf uns nehmen. Das ist absolut nicht wahr. Wie eine weise Freundin einst sagte: „Männer laufen nicht nach Hause, um ein Badezimmer zu putzen oder ein warmes Essen auf den Tisch zu zaubern." Früher oder später werden wir uns darüber ärgern, so viel für so wenig Belohnung getan zu haben. Ist Ihnen je aufgefallen, dass es die Macher sind – die aktiven Partner, die die meiste Verantwortung übernehmen –, die auch die ganze Wucht an Kritik abbekommen? Drehen Sie den Spieß um: „Wenn dir die Art, wie ich das mache, nicht passt, dann mach es doch selbst."

Die weiblichen Bedingungen: zerschlagenes Porzellan

Es gibt gewisse Wahrheiten über Männer, die seit ewigen Zeiten bestehen. Wie die Tendenz dazu, den Toilettensitz oben zu lassen. Frauen haben seit Jahrzehnten über die komplexe psychologische Grundstruktur dieses Fehlers debattiert. Wir haben es auch mit Herumnörgeln versucht. Alles ohne Erfolg. Der Toilettensitz bleibt oben.

Auch ich habe diesen aussichtslosen Kampf durchgefochten. Und obwohl ich mir eingestand, dass ich Jerrys Verhalten nicht ändern konnte, konnte ich ihn sicherlich dazu bringen, zwei Mal darüber nachzudenken.

Eines Nachts, vor Jahren, nachdem Jerry und ich geschieden waren und wieder geheiratet hatten, und lange bevor ich die Wichtigkeit des Selbstbewusstseins anerkannte, musste ich das Bad benutzen. Es war Mitternacht und wir waren einige Stunden zuvor zu Bett gegangen, aber ich fand mich im Dunkeln soweit zurecht. Ich fand den Weg ins Bad mit immer noch geschlossenen Augen, setzte mich und fiel beinahe in die Toilette. Sofort war ich wach! Jerry hatte den Sitz nicht heruntergeklappt. Schon wieder. Ich konnte mit fast unheimlicher Genauigkeit vorhersagen, wann Jerry mir das antat. Es war seine persönliche passiv-aggressive Aussage. Irgendetwas ging ihm auf die Nerven oder er ärgerte sich über mich und statt sich mit mir darüber auseinander zu setzen, klappte er einfach den Toilettensitz nicht herunter. In jener besonderen Nacht handelte es sich um eine heimliche Attacke. Ich hatte es nicht erwartet und war nicht darauf vorbereitet, Porzellan zu zerschlagen. Welche Frau, die mit einem Mann zusammenlebt, hat nicht schon diese Erfahrung gemacht? Wir alle haben schon kaltes Porzellan im Dunkel der Nacht zu spüren bekommen, das Gefühl, im Stich gelassen worden und durch ein Loch im Eis gefallen zu sein. Zu sagen, es hätte mich geärgert, wäre eine ungeheure Untertreibung. Ich zog mich selbst hoch und klappte den Sitz herunter. Nachdem ich meine private Angelegenheit erledigt hatte, ging ich in die Küche, machte Licht und fing an, in den Schränken herumzusuchen. Ich wählte zwei ziemlich große Topfdeckel und kehrte dann leise ins Schlafzimmer zurück. Jerry schlief tief und fest, den Schlaf der Gerechten, Unschuldigen und Reinen. Ich stieg leise ins Bett, drehte mich um und setzte mich rittlings auf ihn, die Topfdeckel aneinander schlagend wie der Beckenschlag und Kanonendonner zum finalen Höhepunkt von Tschaikowskis Ouvertüre 1812.

Sogar unter meinem Gewicht sprang Jerry fast aus dem Bett, mit Augen so groß wie Kanaldeckel. Ich war entzückt. Er stolperte aus dem Bett und sah mich an, als sei ich verrückt geworden. Ich stand unterdessen auf dem Bett und hielt die Topfdeckel immer noch bereit, falls er meine Botschaft nicht laut und deutlich vernehmen sollte. „Was soll das?“, schrie Jerry mich an, und das ist nur die höfliche Version für Sie von dem, was er tatsächlich sagte.

„Wenn du das nächste Mal überlegst, ob du den Toilettensitz oben lassen sollst“, sagte ich, mit den Topfdeckeln herumfuchtelnd, „dann will ich, dass du dich an diesen Augenblick erinnerst. Dein Herz hämmert, oder? Hab ich dich wohl geweckt, wie?“

„Ja, o.k.“, murrte Jerry, während seine Augen sich schläfrig dem Bett zuwandten. Ich schlug die Topfdeckel noch drei Mal aneinander. Jerrys Augen sahen hellwach aus.

„Nein, nicht o.k.“, drohte ich auf dem Bett stehend. „Wenn ich in die Toilette falle, weckt das auch dich auf.“

Das machte Eindruck. Ich muss Ihnen wahrheitsgemäß gestehen, dass meine Mitternachtssymphonie nicht hundertprozentig erfolgreich war, aber es wurde besser. Ich musste weiterhin wachsam sein. Die Dinge änderten sich, als wir umzogen und von da an zwei Badezimmer hatten. Ich setze niemals einen Fuß in seines. Und er niemals einen in meines.

Wenn Sie nicht so viel Glück haben, über zwei Bäder verfügen zu können, können Sie vielleicht anhand dieser Neuigkeit Mut fassen. Kürzlich hörte ich von einer neuen Erfindung, die von einem Mann vertrieben werden soll, der Frau, Tochter und viele Schwestern hat. Er nennt sie stolz die „Rücksichtsvolle Toilette“. Durch irgendeine geniale Vorrichtung merkt die Toilette, wenn der Deckel nicht heruntergeklappt wurde und schließt sich nach vier Minuten automatisch. Männer sind gut darin, Rücksichtslosigkeit mit Hilfsmitteln zu verdecken.

Immerhin macht sich jemand (ein Mann!) Gedanken über das Problem.

Rein und raus

Ich kolportiere manchmal den Witz, dass das, was Männer innerhalb der Familienstruktur am besten könnten, das Atmen sei. Sie atmen ein und aus.

Männer schlecht machen? Nein, die reine Wahrheit. Frauen erledigen alles. Arbeit, Einkäufe, Kochen, Saubermachen, Wäsche, sich um die Kinder kümmern, soziale Funktionen erfüllen, das ganze Megillah[6]. Männer atmen.

Soll dieses Ungleichgewicht jemals verändert werden, so wird man sehr früh im Leben eines Jungen ansetzen müssen. Mütter müssen ihren Söhnen beibringen, in zwei Phasen zu denken, denn wenn sie erst einmal erwachsen sind, ist es bei weitem zu spät. Beispiel: Ein Mann steht im Bad, um sich zu erleichtern, und bückt sich, um ein Stück Toilettenpapier zu nehmen, merkt aber, dass die Rolle fast leer ist. Hier tritt das Denken in zwei Phasen in Aktion. Erstens registriert das männliche Gehirn, dass ein Mangel an Toilettenpapier besteht. Zweitens, und das ist extrem wichtig, ist sein nächster Gedanke, die Rolle Toilettenpapier zu ersetzen – und er tut es!

Was mich zu den Toilettenpapier-Kriegen bringt.

Die Toilettenpapier-Kriege

Frage: Wie viele Männer sind notwendig, um eine Rolle Toilettenpapier auszuwechseln?

---

6 Yiddish: eine lange Geschichte, eine lange Reihe (Anm. d. Ü.)

Antwort: Keiner weiß das. Keiner hat den Versuch gewagt.

Vielleicht kann der Erfinder der „Rücksichtsvollen Toilette“, wenn er schon dabei ist, gleich einen „Rücksichtsvollen Toilettenpapierwechsler“ entwickeln. Toilettenpapier wird in Beziehungen häufig zu einem Gegenstand von sehr großer Bedeutung. Frauen brauchen davon ziemlich viel. Für Männer tut es eine Rolle oft viele Monate lang, manchmal Jahre. Jerry ließ immer die Rolle zurück mit einem angerissenen, halb verklebten Blatt an der blanken Pappe, die pathetisch am Halter hing. Sagte ich irgendetwas, so protestierte er: „Da ist doch immer noch Papier auf der Rolle.“ Ich ließ die Rolle mit dem halb verklebten Blatt Papier dort und legte mir ein eigenes verstecktes Depot für Toilettenpapier an. Einige Male beobachtete ich ihn, wie er verstohlen nach dem Toilettenpapier suchte – ohne Erfolg. Ich wartete geduldig.

„Schatz?“, hörte ich Jerry aus dem Badezimmer rufen.

„Ja?“, antwortete ich mit süßer Stimme aus dem anderen Zimmer.

„Ich brauche hier Toilettenpapier“, rief Jerry.

Also doch.

„Da ist noch Papier auf der Rolle, Schatz“, rief ich zurück mit einem breiten Grinsen im Gesicht.

Rache ist süß.

Raserei auf der Straße

Ist Ihnen je aufgefallen, dass die freundlichsten und sanftesten Männer zu verbrecherischen Kämpfern werden, wenn sie hinter dem Steuer eines Autos sitzen? Natürlich ist Ihnen das aufgefallen. Wir haben sogar eine Bezeichnung für dieses Übel – Raserei auf der Straße. Während die Frauen auf den Beifahrersitzen mit weißen Fingerknöcheln hocken, die Augen zusammengepresst und mit den Füßen auf eine imaginäre Bremse tretend, spielen ihre Ehemänner eine Hochgeschwindigkeitsversion von Autoskooter. Und wehe dem Fahrer, der es wagt zu überholen. Es ist nie eine angenehme Fahrt. Je mehr wir die Männer bitten, langsamer zu fahren, desto kampflustiger werden sie. Während unser Leben an unseren Augen vorüberzieht, bleiben wir sprachlos. Die schreckliche Wahrheit in dieser Sache ist, eine Frau will auch dann noch gemocht werden, wenn ihr Leben nur noch an einem seidenen Faden hängt.

Ich ließ diese schweigenden Todesfahrten viele Jahre über mich ergehen, bis ich schließlich entschied, es sei genug. Bei einer Fahrt auf einer schmalen, kurvigen, zweispurigen Straße, wollte Jerry ein Kamikaze-Himmel-und-Hölle mit einem roten Porsche spielen. Ich stand Todesängste aus, aber ich schaffte es, noch meine Stimme zusammenzunehmen und mit bestimmtem Tonfall zu sagen: „Weißt du, mein Lieber, wenn du den Porsche überholst, wirst du immer noch den Kürzeren haben."

Das wars. Ich hatte schließlich die Wahrheit getroffen. Jerry lachte und benahm sich die nächsten zehn Meilen gut.

Auf Stierart

Noch eine Geschichte. Und übrigens, falls Sie der Meinung sind, ich ginge zu hart mit meinem belagerten Mann um, sei Ihnen versichert, niemand findet diese Geschichten amüsanter als Jerry selbst. Vielleicht kann er keine Toilettenschüssel putzen, dafür kann dieser Mann aber lachen, was, meiner Meinung nach, ein sehr guter Ersatz ist. Eines Morgens auf dem Weg zur Arbeit, in den frühen Tagen unserer Ehe, machte Jerry noch müde eine Bemerkung darüber, ich hätte nach der letzten Wäsche ein Paar Socken falsch zusammengelegt. Fairerweise sagte er das weder boshaft noch missbilligend – nur mit einem leichten Erstaunen, so als ob er sagen wollte: „Wie kann so etwas passieren?“

Zu dem Zeitpunkt meines Lebens konnte ich schon ziemlich gut zwischen den Zeilen lesen und reagierte entsprechend. Nachdem ich eine Tirade abgelassen hatte, die Wörter enthielt wie „verwöhnt“, „selbstsüchtig“, und „gedankenlos“, schloss ich: „Du bist nicht reich genug, um dich wie ein Prinz aufzuführen. Kümmere dich von jetzt an selbst um deine Wäsche.“ Er zuckte mit den Schultern auf diese unerträglich gleichgültige Art. „Kein Problem. Das werde ich.“

Es gab da eine Grenzlinie, die in den Sand gezeichnet war, und er hatte sie überschritten. In den folgenden Wochen kümmerte ich mich nicht um den Zustand der Wäsche meines Angetrauten. Ich tat betont so, als hätte ich vergessen, dass diese überhaupt existierte. So weit ich das mitbekam, war alles in Ordnung.

Eines Tages aber, an einem regnerischen Freitag, holte ich Jerry nach der Arbeit ab. Schon bevor er überhaupt ins Auto gestiegen war, war mir klar, dass er einen fürchterlichen Tag gehabt hatte. Er sah blass, ausgepowert und elend aus, als ob er Schmerzen hätte. „Was ist los?“, fragte ich, in der Annahme, es würde ihn trösten, dass er mir sein Herz ausschütten könnte. Er aber war ungewöhnlich widerspenstig. Er knurrte lediglich ein einsilbiges Dementi und drehte sich weg, in Gedanken versunken. Es wurde nichts weiter gesprochen während unserer Fahrt vom Süden Manhattans in den Norden der Stadt nach Riverdale. Wir parkten, nahmen unsere Aktentaschen und Mäntel aus dem Auto und gingen zu unserem Appartement. Wie gewöhnlich eilten wir in das Schlafzimmer, um aus unseren Geschäftsklamotten heraus und in Jeans zu schlüpfen. Ich zog meine Kostümjacke, Bluse und dann den Rock aus und bückte mich, um meine Strumpfhose auszuziehen, als ich hinter mir

Jerry hörte, fast flüsternd: „Willst du wissen, warum ich in einer so miserablen Stimmung bin?“

Ich drehte mich um und sah ihn an. Nie hatte ich ihn in annähernd so schlechter Verfassung gesehen. Ich setzte mich auf das Bett und sah zu ihm so mitfühlend auf, wie ich nur konnte. „Heute um die Mittagszeit herum“, begann er, mit seiner Krawatte in den Händen, „ging der verdammte Reißverschluss an meiner Hose kaputt. Keine große Sache. Ich knöpfte mein Sakko so weit zu, dass er verdeckt wurde. Mittags ging ich zu meinem Gerichtssekretär und fragte ihn, ob er mir Nadel und Faden leihen könne. Ich dachte, ich könnte das Problem mal eben schnell durch Nähen beheben.“

Der Gerichtssekretär hatte tatsächlich Nadel und Faden und gab diese Jerry. Jerry ging dann in die Männertoilette, um sich ans Ausbessern zu machen. Er zog seine Hose aus, um nähen zu können, und stand dann da, nur in Hemd, Krawatte und Sakko, geschäftig hantierend mit Nadel und Faden. Plötzlich schwang die Tür zur Männertoilette auf und zwei stramme Agenten des Geheimdienstes kamen herein. Sie hatten ein Büro im selben Stockwerk des Bundesgebäudes wie Jerry.

„Ich war in meinem ganzen Leben noch nie so beschämt“, sagte Jerry.

„Jerry, Jerry“, entgegnete ich schnell verständnisvoll, „mach dich nicht lächerlich. Ich bin sicher, sie konnten das verstehen.“

Jerry fixierte mich mit seinen Augen. Dann sagte er: „Du meinst, sie verstanden das da?“ Und er ließ seine Hosen fallen. Mein hinreißender Mann, mein Angetrauter seit sechs Monaten, trug einen von meinen spitzenbesetzten, pinkfarbenen Bikini-Slips. Und ich habe Größe zwei.

So kam also die Wahrheit ans Licht. Er hatte sich nie um seine Wäsche gekümmert. Wie ich schon sagte, Sie können dem Stier nicht das Tanzen beibringen. Als ihm die Unterwäsche ausging, ging er dazu über, meine zu tragen – bis zu jenem Freitag. Die nächsten zwei Jahre benutzte Jerry den Aufzug bis zwei Stockwerke über seinem eigenen in dem Bundesgebäude, nur um zu vermeiden, dass er diesen Geheimdienstagenten noch einmal über den Weg lief.

Nachtrag

Jerry und ich, wir sind jetzt seit 22 Jahren verheiratet. Er ist Richter am Obersten Gericht in der Bronx, und bis ich im Fernsehen erschien mit *Richterin Judy*, war ich Aufsicht führende Richterin am Familiengericht in Manhattan. Wir haben aufregende, interessante Karrieren gemacht, wir haben uns und fünf wundervolle Kinder und, bis jetzt, vier bezaubernde Enkelkinder. Ich mache immer noch die Einkäufe. Ich putze immer noch das Haus und fungiere als Ministerin für soziale Belange. Ich bin glücklich, berichten zu können, dass ich das Kochen aufgegeben habe. Und ich freue mich, berichten zu können, dass mein Mann jetzt vollendet Zen in der Kunst des Atmens beherrscht. Das Leben ist schön.

7 Fehlschläge stärken nicht den Charakter

Als ich vier Jahre alt war, wurde ich in Miss Noddidges Tanzschule angemeldet, genau gegenüber, wo ich wohnte, Parkside Avenue 225. Tanzschulen waren zu der Zeit, als ich aufwuchs, sehr populär. Jedes kleine Mädchen in der Nachbarschaft wurde in eine Tanzschule geschickt. Unglücklicherweise hatte ich Beine wie ein Klavierhocker und verfügte nicht über ein sonderlich gutes Körpergefühl. Anscheinend war ich nie vom Schicksal dazu auserkoren, eine Primaballerina zu sein. Ich nahm an allen Übungen und Kursen teil. Ich studierte Ballett, Stepp und Akrobatik – und es war nicht gerade so, dass ich mit der größten Leichtigkeit durch die Luft schwebte. Nach einer ziemlich ernsten Verletzung – verursacht durch einen misslungenen doppelten Salto rückwärts – wurde ich von den Tanzkursen entschuldigt, solange ich ein Attest vom Arzt bringen konnte. Meine Eltern waren klug genug zu bemerken, dass Tanz und Akrobatik vielleicht nicht das Richtige für mich waren. Also wurde mir großzügig gestattet, mich von Miss Noddidges Tanzschule zurückzuziehen – bis dahin das Anmutigste, was ich getan hatte. Bis ich wieder laufen konnte, wie auch immer.

Meine Eltern versorgten mich weiterhin mit Unterrichtsbrocken – Klavier, Geige, Schwimmen und so weiter. Sie brauchten eine Weile, bis sie bemerkten und wertschätzten, wo meine wirklichen Talente waren. Durch meine Erfahrung als Kind bin ich zu der festen Überzeugung gelangt, dass Sie von Anfang an einige wenige Dinge herausfinden müssen, die ein bestimmtes Kind von Natur aus gut beherrscht, und diese Dinge kultivieren sollten. Tun Sie das und entwickeln Sie die natürlichen Fähigkeiten eines Kindes, so geben Sie Ihrem Kind das Selbstvertrauen, um gesunde Risiken eingehen zu können, Grenzen zu überwinden und selbstverantwortlich zu lernen.

Kleinwüchsige, untersetzte Mädchen mit mangelnder Bewegungskoordination erblühen nicht sehr oft zu Ballerinas. Es ist nicht gerade ein Kick für ihr Selbstvertrauen, wenn sie umgeben sind von geschmeidigen, anmutigen Körpern, die perfekte Pliés und Drehungen ausführen, während sie selbst herumstolpern und aussehen wie der Landser von Pillsbury in Ballettschuhen. Mit der Zeit begriffen meine Eltern das. Meinem Vater fiel nach und nach auf, dass ich ein Talent für Sprachen hatte. Ich verfügte auch über große kommunikative Fähigkeiten, zeigte aber keinen Riecher für Mathematik oder Naturwissenschaften. Ich überstand diese Fächer, mit einigen Schwierigkeiten, in der Highschool und am College. Ich hatte Tutoren und Nachhilfeunterricht nach der Schule und ich besuchte spezielle Förderkurse. Meine Eltern unterstützten mich immer, weil sie wussten, dass ich mich anstrengte. Sie sagten nie auch nur einmal zu mir: „Wie konntest du diese 3 in Chemie oder jene 3 minus in Mathe bekommen?“ Ich tat mich hervor in Diskussionen, Sozialstudien und Geschichte und bezog meine intellektuellen Anregungen aus diesen Gelegenheiten. Meine Eltern lobten mich für meine Arbeit in diesen Bereichen. Sie wussten, wie sehr ich in meinen mathematischen und naturwissenschaftlichen Stunden zu kämpfen hatte, verstanden aber, dass meine Talente in anderen Bereichen lagen, wie meine Interessen und Begabungen bewiesen. Sie akzeptierten, dass ich in einigen Fächern nicht sonderlich begabt war. Obwohl sie es vorgezogen hätten, wenn ich dort besser gewesen wäre, war es doch nicht so wichtig. Im Ergebnis war ich in der Lage, mich selbst als erfolgreiche Rednerin zu sehen statt als mittelmäßige Mathematikerin, als engagiert im kommunikativen Bereich statt gescheitert als Ballerina.

Meine eingebaute Jubelseite

Um glücklich zu sein, braucht es kein Geld, obwohl es hilft. Man braucht nicht berühmt zu sein. Glück braucht ein inneres Gefühl von Sicherheit. Sicherheit entsteht aus dem Gefühl, sich selbst zu mögen und an den eigenen Wert als Person zu glauben. Sicherheit war die Gabe, die meine Eltern mir als Kind schenkten – und das beinhaltete auch das Geschenk, sich selbst als jemand Besonderes zu fühlen.

Meine Eltern waren großartige Unterstützer und Bestärker – sie gaben viel Liebe, verbunden mit Intelligenz, Mitgefühl und Weisheit. Ich war das Ältere von zwei Kindern. Wir gehörten zur Mittelschicht in Brooklyn. Mein Vater war Zahnarzt, meine Mutter Hausfrau – und was für eine Hausfrau! Meine Mutter war die Gewinnerin in der Familienshow – sie hat ihren Anteil gegeben und noch mehr! Sie war diejenige, die immer unsere ganze verstreute Verwandschaft zusammenbrachte. Sie plante und kochte für freie Tage und stellte sicher, dass jeder gut genährt und versorgt war, und trotzdem hatte sie noch viel Zeit, um ihre Kinder mit Liebe und Aufmerksamkeit zu überschütten. Mein Vater war ein intelligenter Mann mit Sinn für Humor, der mich abgöttisch liebte. Er wollte, dass ich mich wie jemand Besonderes fühlte, und er schaffte es. Ich fand meine Eltern fabelhaft und sie gaben mir eine gute und solide Grundlage für mein Leben. Sie haben immer ihr Bestes für mich gegeben. Als Erwachsene konnte ich immer auf ihre grenzenlose Unterstützung verweisen als Quelle meines „Ich-schaffe-das“-Geistes.

Als Richterin am Familiengericht überraschte es mich oft, dass Kinder es schafften, die übelsten Eltern zu überleben. Ich bekam eine beleidigende, drogenabhängige Mutter und ihren Sohn im Teenageralter zu sehen, der gezwungen war, den Haushalt zu führen. Er kümmerte sich um seine jüngeren Geschwister, pflegte seine Mutter und erfüllte alle diese Rollen, während er sich zugleich in der Schule und der Gemeinde hervortat. Manchmal hatten die schlimmsten Eltern die besten Kinder. Diese Kinder glichen sehr den seltenen und widerstandsfähigen Blumen, die kämpfen, um sich durch einen engen Spalt im Beton zu zwängen und zu erblühen. Sie waren nicht die Norm. Waren die Eltern gestört, so waren es die Kinder meist ebenfalls. Oft traten Eltern vor mich hin im Gerichtssaal und beklagten sich: „Ich kann mit diesem Kind einfach nichts anfangen."

Meine Antwort: „Haben Sie es versucht mit ‚du bist großartig'?"

Ihre Gesichter nahmen meist einen verdutzten Ausdruck an. Sie konnten die Ansicht nicht begreifen, ein schwieriges Kind könnte großartig sein. Sie waren bereit, das Kind zu loben, sobald es seinen Wert bewiesen hätte – nicht vorher. Es war eine traurige Zwickmühle, denn damit ein Kind das Selbstvertrauen hat, um sich hervorzutun, muss man ihm erst einprägen, dass es hat, was es dazu braucht.

Es brach mir das Herz, den Kreislauf an Niederlagen von Generation zu Generation weitergegeben zu sehen. Die Kombination aus Unreife, Mangel an Bildung und Sozialisation und fehlendes Selbstwertgefühl ließen eine Umgebung der Hoffnungslosigkeit entstehen. Wenn Sie keine Achtung vor sich selbst haben, wie wollen Sie das denn der zerbrechlichen Psyche eines Kindes einprägen?

Königin ein Leben lang

Barbara Corcoran ist eine dynamische, begabte Frau, die – mit 49 Jahren – Präsidentin der größten Immobilienfirma in New York City ist. Barbara hat sehr hart dafür gearbeitet, um dahin zu gelangen, wo sie heute ist; letztlich führt sie ihren Erfolg aber auf das Gefühl zurück, das ihre Mutter ihr als kleines Kind vermittelt hat.

Barbara war Legasthenikerin, aber statt die Misere ihrer Tochter zu beklagen und ihr vorzusagen, was sie nicht könnte, stellte Barbaras Mutter ihre besondere Gabe heraus. „Sie sagte immer, ich hätte eine wundervolle Vorstellungskraft", erzählte mir Barbara, „und mit Vorstellungskraft könne jemand einfach alles schaffen. Ich hatte immer das Gefühl dieses enormen Vermögens."

Barbaras Mutter flößte ihr das nötige Selbstvertrauen ein und ermutigte sie, sich im Alter von 23 Jahren selbstständig zu machen. Sie zweifelte nie daran, dass sie Erfolg haben würde.

Meine liebe Freundin Vicki Schneps erzählte mir einmal, dass ihre Mutter ihr jedes Jahr am jüdischen Feiertag Purim die Geschichte der tapferen und klugen Königin Esther erzählte, die, mit Geschick, mit Köpfchen und Intelligenz, das jüdische Volk vor der Zerstörung durch die Hand des teuflischen und hinterhältigen Ministers des Königs, Haman, rettete.

Königin Esther war eine wahre Heldin und ein Rollenmodell. Nachdem sie ihr die Geschichte erzählt hatte, pflegte die Mutter meiner Freundin sie als Königin Esther zu verkleiden, mit einer Krone, einer Robe und einem Zepter, und Vicki verbrachte den Tag damit, sich in ihrer königlichen Rolle zu sonnen. „Meine Mutter vermittelte mir das Gefühl, als wäre ich Königin Esther", sagte sie. „Tapfer und stark, befähigt zu Größe. Und ich habe nie aufgehört, daran zu glauben."

Die Grundlage für Selbstachtung wird durch Bausteine in der Kindheit gelegt, und den größten Einfluss haben die Eltern. Obwohl einige Kinder es schaffen zu überleben und sich prächtig entwickeln trotz drittklassiger Elternschaft – vielleicht wegen irgendeines undefinierbaren genetischen Vorteils –, warum sollte jemand dieses Risiko eingehen? In der Debatte darüber, ob die Natur oder die Erziehung und Sorgfalt eine Frau zu dem machen, was sie ist, plädiere ich für die Erziehung.

Erfolg formt den Charakter

Nicht Fehlschläge stärken den Charakter, sondern Erfolg. Wer auch immer gesagt hat: „Wenn du nicht auf Anhieb Erfolg hast, versuche es, versuche es immer wieder“, hat die Vorstellungen von Generationen von Eltern verbildet. Die Leute denken, ihre Kinder würden durch Fehlschläge wichtige Lektionen lernen. Ich glaube, ein Kind kann in einem Augenblick des Erfolgs mehr lernen, als es jemals in Monate währenden Fehlschlägen lernt.

Einer der vielen Verantwortungsbereiche von Eltern ist es, dafür zu sorgen, dass ein Kind die Gelegenheiten hat, in einer Reihe von kindlichen Bestrebungen Erfolg zu haben – teilen, lesen, rechnen, malen und schreiben zu lernen. So vieles ist für Kinder in so intensivem Tempo zu bewältigen. Wir alle sollten versuchen, unsere Erinnerungen an unsere Kindheit wieder aufzufrischen als Leitfaden dafür, wie wir unsere Kinder großziehen. Erinnern Sie sich daran, was Sie gut und was Sie weniger gut konnten? Haben Sie sich schließlich doch einige Fähigkeiten angeeignet, die für sie als Kind als unerreichbar galten? Machen Sie sich eine Liste darüber, was Ihr Kind gut kann, und hegen und pflegen Sie diese Talente. Zeigen Sie Liebe, Mitgefühl und Toleranz für die Schwächen und Fehler Ihres Kindes. Bauen sie Ihr Kind auf. Nichts ist so quälend wie die Missbilligung, der Ärger oder die Empörung von Eltern. Nennen Sie Ihre Tochter lange genug eine Idiotin – und wofür, glauben Sie, wird Ihr Kind sich selbst halten?

Hoch gesteckte Erwartungen

Kinder kommen auf die Welt mit einem angeborenen Trieb, ihren Eltern gefallen zu wollen. Sie sehnen sich nach unserer Aufmerksamkeit und Anerkennung. Säuglinge sind hingerissen, wenn wir uns über ihre kleinen Possen freuen. Kleine Knirpse gehen in den Kindergarten und bringen ihre Kunstwerke mit nach Hause, damit diese an den Kühlschrank gepinnt werden. Sie basteln kleine Schmuckkästchen für den Muttertag und sind stolz, wenn wir sie loben.

Gute Eltern wissen, wie sie ihre Kinder in ihrer einzigartigen Art gedeihen lassen können. Ich betone das Wort „einzigartig“. Unsere Kinder sind nicht die genauen Ebenbilder von uns selbst; sie sind auch nicht in die Welt gesetzt worden, um jene Träume zu erfüllen, die wir selbst nicht verwirklichten.

Lassen wir verlauten, dass wir von Ihnen erwarten, sie sollen sich in Bereichen hervortun, die sie nicht interessieren, oder einen Weg verfolgen, der nicht ihren natürlichen Fähigkeiten entspricht, dann werden sie sich wehren und sich unbeholfen fühlen. Drücken wir Missbilligung aus oder vermitteln wir ihnen, dass sie uns missfallen oder enttäuschen, können ihre Selbstachtung und ihr Selbstvertrauen zerrüttet werden.

Wehe dem Kind eines Arztes, das eine schlechte Note in Biologie bekommt, oder das Kind eines Bürgermeisters, das in Staatsbürgerkunde scheitert, nicht zu vergessen die zehntausende Kinder von Athleten, die keinen Ball werfen oder keinen Tennisschläger halten können.

Prüfen Sie Ihre Erwartungen und Motive ehrlich. Sorgen Sie dafür, dass Ihre hoch hängenden Hoffnungen nicht die Quelle für den nachlassenden Elan Ihres Kindes sind.

Die moderne Entschuldigung

Haben Sie den Trend in den letzten paar Jahren bemerkt? Plötzlich scheint da ein ausgeklügeltes Komplott von Ärzten, Kinderpsychologen, Kinderpsychiatern und anderen psychotherapeutischen Ratgebern zu bestehen, die erklären, Kinder würden zunehmend unter einem chemischen Ungleichgewicht und unter Lernbehinderungen leiden. Und, was glauben Sie? Zufällig haben sie genau die Behandlung für diese Beschwerden.

Kinder heutzutage haben nicht die falschen Lerngewohnheiten. Sie sind „lernbehindert".

Sie haben nicht Probleme mit Disziplin. Sie haben „ADD", also „attention deficit disorder"[7].

Sie sind nicht einfach besonders temperamentvoll. Sie sind „hyperaktiv".

Sie haben nicht einen miserablen Tag. Sie sind „depressiv".

Die Antwort? Drogen. Ritalin, Prozac, Zoloft[8]. Es gibt für alles eine Pille. Kann es sein, dass das größte Land der Welt plötzlich eine ganze Generation psychisch und physisch gestörter Kinder hervorgebracht hat? Selbstverständlich benötigen manche Kinder eine medikamentöse Behandlung. Aber im Großen und Ganzen sind Kinder mit Schwierigkeiten gewöhnlich das Produkt von Eltern, die wissentlich oder unwissentlich die frühen Anzeichen für kommende Probleme übersehen. Jene Eltern können wahrhaft gefährliche und psychotische oder wohlmeinende, sehr gebildete Leute sein, die mit jedem Anzeichen nicht erfüllter Erwartungen bei ihren Kindern der stofflichen Zusammensetzung des Gehirns ihres Kindes die Schuld

---

7 Hyperkinetisches Syndrom (Anm. d. Ü.)

8 Ritalin: Stimulans; Zoloft: in D Sertralin, Antidepressivum wie Prozac (Anm. d. Ü.)

geben. Gott bewahre, wenn das eigene Kind lediglich „durchschnittlich" sein sollte.

Ich hatte einen Fall am Familiengericht vor einigen Jahren, den ich nie vergessen habe. Sie sagen vielleicht, das sei ein einschlägiger Fall.

Ein zwölfjähriger Junge wurde mir mit der Anklage auf Brandstiftung vorgeführt. Er und ein anderer Junge waren verhaftet worden, weil sie eine ausrangierte Matratze in den Aufzug des Gebäudes, in dem sie lebten, gestopft, diese mit Feuerzeugbenzin übergossen und angezündet hatten. Sie drückten alle Knöpfe in dem Aufzug, so dass dieser mit der brennenden Matratze in jedem Stockwerk hielt und die Tür öffnete. Dadurch wurde viel Panik, Rauch und Schaden verursacht. Als ich den Jungen vor Gericht hatte, sah ich mir seine Akte durch. Eine allein stehende Mutter. Alkoholikerin. Der Junge nahm Medikamente. Ich blätterte mich durch die Jahre ihrer Sozialdienstgeschichte. Die Mutter war fast selbst noch ein Kind, als sie ihn zur Welt brachte. Sie trank, lebte von Sozialhilfe und brachte das Baby zur Versorgung in eine örtliche Klinik. Als der Junge zwei Jahre alt war, war er ein aktives Kleinkind, neugierig und aufgeweckt. In der Akte war eine Notiz eines Doktors vermerkt, den die Mutter zu jener Zeit konsultiert hatte. Sie erzählte ihm, das Kind wäre nicht zu bändigen; er wäre überall, dauernd auf den Beinen, immer in Bewegung, immer redend. Sie konnte nicht mit ihm umgehen. Der Doktor schrieb: „Mutter berichtet von Hyperaktivität, Schlaflosigkeit, Reizbarkeit." Ein durchschnittlicher Zweijähriger, dachte ich, sehr lebhaft. Der Doktor aber diagnostizierte Hyperaktivität und verschrieb Medikamente, um ihn zu beruhigen. Medikamente für den zweijährigen Sohn einer allein stehenden, alkoholkranken Mutter, die zu ausgelaugt war, sich um sich selbst zu kümmern, geschweige denn um ihr Kind.

Hier ist der Clou. Der zwölfjährige Junge, der wegen eines Falles von Brandstiftung vor mir erschien, erhielt immer noch Medikamente. Er bekam Medikamente seit seinem zweiten Lebensjahr, mit einer unerheblichen Nachuntersuchung.

Ich setzte die Anhörung aus, verlegte sie auf einen späteren Termin und ließ den Jungen eine ganze Serie von Untersuchungen durchlaufen. Er wurde langsam von seinen Medikamenten entwöhnt, blühte auf und wurde zu einem gänzlich anderen Kind. Es war, als ob ein Schleier sich lüftete und Nebel sich auflöste.

Ich hätte ihn gern in staatlicher Obhut belassen, er wollte aber nach Hause. „Mama braucht mich", sagte er. Ein guter Junge und eine tragische Situation. Wie viele Kinder erhalten Medikamente, weil ihre Eltern nicht mit ihnen umgehen können? Ich habe Eltern vor Gericht vor mir stehen und schwören sehen, ihre Kinder seien unkontrollierbare, nicht zu rettende Monster ohne einen normalen Sinn für richtig oder falsch. Sie schwören, das Urteilsvermögen und die Lernfähigkeit ihrer Kinder seien völlig verzerrt. Sie fordern, ihre Kinder sollten beraten und mit Medikamenten behandelt werden, um ihre Probleme zu lösen. Manchmal sind Medikamente die Antwort, sie sind aber noch lange kein Ersatz für eine ordentliche Umgebung in ihrem Zuhause und ein solides Fundament an positiven Werten.

Was ist mit jenen Kindern, die Opfer unrealistischer Erwartungen ihrer Eltern sind? Manche Kinder sind langsame Lerner, unbeholfen, schwierig, temperamentvoll oder noch schlimmer. Ihre Eltern, unfähig der Wahrheit ins Auge zu sehen, suchen einen Sündenbock, und ein medikamentös behandelbares physisches Ungleichgewicht kommt gerade recht. Auf der anderen Seite glauben sie, sie können ihren Kindern Medikamente geben, ohne dem Kind die Botschaft zu vermitteln:

„Irgendetwas stimmt nicht mit mir. Ich bin nicht normal. Ich kann es nicht.“

Wenn ein Kind sich auffällig benimmt, ungezogen und unaufmerksam ist, auf der Straße aufwächst, ein Bettnässer ist, undiszipliniert ist, sich weigert zu kooperieren, schreckliche Dinge sagt, eine schreckliche Sprache benutzt, dann geht vielleicht etwas vor, was ansonsten unerklärliches Benehmen völlig erklärt. Vielleicht zanken und streiten die Eltern sich ständig. Vielleicht gibt es Gewalt zu Hause, physischen oder sexuellen Missbrauch. Es kann sein, dass ein neuer Freund mit der Mutter zusammenlebt. Oder ein neues Baby ist in die Familie eingeführt worden, oder es gab eine Scheidung. So viele Faktoren können der Grund für ein Kind sein, sich auffällig zu benehmen. Erforschen Sie die Möglichkeiten. Sprechen Sie, hören Sie zu und dann hören Sie noch etwas mehr zu. Seien Sie Eltern. Konzentrieren Sie sich, beobachten Sie, kommunizieren Sie. Ich sage nicht, es sei einfach. Eltern zu sein ist der härteste Job der Welt. Aber es ist die Pflicht der Eltern, ihren Kindern zu helfen, sich in der Welt prächtig zu entwickeln und selbst zu erfolgreichen Eltern heranzuwachsen. Lassen wir sie nicht mit einem Handicap an den Start gehen. Geben Sie einem Kind Medikamente immer nur als letzten Ausweg.

Führen Sie Ihre Kinder an Arbeit heran

Ich bin großartig darin, Kinder mit zum Arbeitsplatz zu bringen. Eine der besten Ideen, die in den letzten Jahren in den USA verwirklicht wurden, ist der „Bringen-Sie-Ihre-Töchter-mit-zur-Arbeit“-Tag. Da ist nur ein Haken an dieser Idee. Er sollte „Bringen Sie Ihre Kinder mit zur Arbeit“ heißen.

Warum? Wenn Mütter ihre Söhne mit zur Arbeit bringen, kann das in diesen Jungen Respekt für Frauen erzeugen, der ihr ganzes restliches Leben erhalten bleibt. Als ich die Aufsicht führende Richterin in Manhattan war, sagte ich: „Ich finde es unerhört, wenn Sie nur Ihre Töchter mit zur Arbeit bringen. Lassen Sie uns alle unsere Kinder mit zur Arbeit bringen, damit sie sehen können, was es heißt, eine Arbeitsmoral zu haben, – etwas mit Leidenschaft zu tun." Wenn Sie Ihre Kinder mit zur Arbeit bringen, eröffnet es diesen auch die Möglichkeit zu sehen, ob das, was Sie tun, sie interessiert, denn wenn Sie Ihren Job wirklich lieben, bestehen Chancen, dass Sie diesen Enthusiasmus an Ihre Kinder weitergeben und sie diese Fähigkeit ebenfalls unbedingt erwerben wollen. Wie viel Ärzte, Rechtsanwälte und Schauspieler haben Kinder, die denselben Weg verfolgen? Drei unserer Kinder sind uns in den juristischen Bereich gefolgt. Sie sahen, wie sehr wir unseren Job liebten, und ihr permanenter Kontakt damit brachte ihre eigenen inneren Fähigkeiten zum Vorschein.

Der Arbeitsplatz führt Kinder auch an die wirkliche Welt heran, im Unterschied zu dem, was sie im Fernsehen oder am Computerbildschirm sehen. Es ist eines der bestmöglichen Trainingsfelder.

Kinder, die hin- und hergeschubst werden

Nichts bringt mich mehr zur Weißglut als Eltern, die ihre Kinder als Druckmittel in Scheidungsverfahren benutzen. Meiner Meinung nach kommen einige dieser Sorgerechts- und Unterhaltsfälle Kindesmissbrauch gleich. Als ich am Familiengericht war, sah ich Männer und Frauen zu empörenden Taktiken greifen, die „zum Wohle der Kinder" wären, wie sie erklärten. Unsinn.

Sagen Sie mir: Ist es gut für ein Kind, wenn von ihm erwartet wird zu spionieren und zu lügen? Gibt es einem Mädchen ein Gefühl von Sicherheit, wenn sie ihre Mutter erlebt, wie sie falsche Beschuldigungen von sexuellem Missbrauch gegen ihren Vater vorbringt? Wird das Selbstwertgefühl eines Jungen verbessert, wenn er als Tauschgegenstand in einem Erwachsenenkrieg benutzt wird? Stärkt es das Vertrauen eines Mädchens, wenn es einen Elternteil den anderen unzurechnungsfähig nennen hört?

Als ich Richterin am Familiengericht war, war ich natürlich misstrauisch gegenüber Behauptungen von sexuellem Missbrauch, die in harten Scheidungsverfahren vorgebracht wurden. Gelegentlich hielt eine Anschuldigung dieser Art einer Überprüfung stand, oft aber versuchten Frauen ihre Ex-Gatten zu bestrafen. Ich war so empört, wenn ich falsche Behauptungen aufdeckte, dass ich manchmal letzten Endes den Vätern das alleinige Sorgerecht zusprach.

Scheidung an sich ist eines der verwirrendsten und erschreckendsten Ereignisse im Leben eines Kindes. Viel Liebe und Unterstützung sind nötig, um ein Gefühl von Sicherheit und Normalität zu erhalten. Eine explosive Umgebung und Eltern, die den Kampf gegeneinander aufnehmen, können einem Kind ernstlich Schaden zufügen.

Als Jerry und ich heirateten, waren wir beide geschieden und brachten fünf Kinder mit. Was auch immer die Differenzen zwischen Jerry und seiner Exfrau und mir und meinem Exmann gewesen sein mochten, wir hofften, die Kinder aus dem Streit herauszuhalten. Wir begingen einige Fehler, aber wir versuchten es. (Glauben Sie mir, es sind die Fehler, an die sie sich als Erwachsene erinnern werden.)

Ich glaube auch, dass in erster Linie den Kindern damit gedient wäre, wenn die Eltern, sind sie erst einmal geschieden, gleichberechtigte Partner in ihrer Erziehung sein könnten. Die meisten Scheidungskinder leben mit ihren Müttern und die Väter werden zu unangenehmen Eindringlingen oder Wochenendbesuchern. Kinder werden der Möglichkeit beraubt, ein wirklich starkes Band zu einem Elternteil zu entwickeln.

Als Erwachsene haben wir die Fähigkeit, unseren Groll beiseite zu schieben und zu erkennen, dass wir, auch wenn wir keine Eheleute mehr sind, doch weiterhin und für immer Eltern bleiben. Die Frage ist, wollen wir das?

Firlefanz baut kein Selbstvertrauen auf

Ich missbillige die Schönheitswettbewerbe mit kleinen Mädchen. Keine Minute glaube ich daran, das könne Haltung und Selbstvertrauen aufbauen. Was den herausgeputzten kleinen Mädchen vermittelt wird ist, ihr Wert läge darin, dass sie hübsch sind. Was den kleinen Mädchen vermittelt wird, die keine Modenschauen absolvieren, ist, dass kein Mensch sich um sie scheren wird, weil sie nicht hübsch sind. Warum verstärken wir weiterhin genau die Botschaften, die viele von uns selbst so elend fühlen ließen? Wenn Jungen sich herausputzen, so hat das mit Fähigkeiten und Sport zu tun – wie: Er ist ein Schachchampion, er führt ein naturwissenschaftliches Projekt durch oder schafft einen Homerun im Park. Kleine Jungs putzen sich nicht heraus, um schön zu sein.

Die Tragödie der Jon Benét Ramsey übermittelte diese Botschaft Millionen von Amerikanern, als wir den Fernseher einschalteten, um ein kleines, sechsjähriges Mädchen mit falschen Wimpern, Wimperntusche und rotem Lippenstift zu sehen, in Federboas herumstolzierend und vor den Kameras ihre Reize ausspielend. Diese Szene hatte etwas Trauriges. Keine Sechsjährige würde das von sich aus tun. Kleine Mädchen verkleiden sich gern, aber ohne Druck von einem Erwachsenen würde es ihnen nicht einfallen, sich so lasziv zu geben. Jon Benét ist ein extremes Beispiel dafür, was viele Mütter tun, wenn sie ihre Töchter dazu anhalten, sich aufzudonnern und hübsch auszusehen, damit sie einem Jungen gefallen. Ich kenne keine Mütter von Jungen, die sagen: „Mach Gymnastik, lass dir die Haare schneiden – damit du Mädchen gefällst."

Alles, was Jungs tun müssen, um attraktiv für Mädchen zu sein, ist, dass sie ab und zu ihre Socken wechseln.

Sie können Ihre Tochter nicht völlig davor beschützen, dass sie den um sich greifenden kulturellen Botschaften und dem Erwartungsdruck ausgesetzt ist, sie habe auf eine bestimmte Art auszusehen und sich zu benehmen, aber sie können starke und beständige Alternativbotschaften anbieten. Beginnen Sie damit, Fähigkeiten, Fertigkeiten und persönliche Qualitäten zu betonen, die sich nicht auf das Aussehen beziehen. Und wenn Sie das Aussehen Ihrer Tochter kommentieren, dann versuchen Sie, die Betonung des Aussehens als eines Ideals vor jedem anderen zu vermeiden. Es ist eine Sache zu sagen: „Sarah, du hast die hübschesten Augen", und etwas völlig anderes zu sagen: „Sarah, deine Augen sind so strahlend und ausdrucksvoll." Feine Unterscheidungen bauen das Selbstvertrauen auf und betonen mehr die Qualitäten als das Aussehen.

Es scheint nicht fair, dass ein wahrhaft unscheinbarer Mann attraktiv werden kann wegen seines beruflichen Erfolges oder ererbten Wohlstands. Sein Aussehen gibt ihm keine Macht. Was er hat und was er ist gibt ihm Macht.

Das sollte eben unser Ziel als Frauen sein. Die Wahrheit ist, dass eine überwältigend gut aussehende Frau einige flüchtige Aufmerksamkeit ernten wird, wenn sie auf einer Party erscheint. Es ist egal, ob sie völlig verblödet ist. Es ist aber immer die interessante, witzige, sozial talentierte Frau, die die Aufmerksamkeit der meisten Männer auf lange Sicht zu erhalten scheint – zumindest der Männer, die es wert sind.

R-E-S-P-E-K-T

Erinnern sie sich an den großen Hit von Aretha Franklin *Respekt*? In vieler Hinsicht sagt dieses Lied alles über das Problem aus, das weiterhin zwischen Männern und Frauen besteht, Jungen und Alten. Die Königin des Soul buchstabierte es: R-E-S-P-E-K-T.

Behandle mich mit Respekt, benimm dich respektvoll in meiner Gegenwart, respektiere meine Gefühle, meine Wünsche, meine Bedürfnisse. Es ist sehr schade, dass dieses Lied nicht öfter gespielt wird – es enthält eine Botschaft, die immer noch gehört werden muss.

Was für musikalische Botschaften bekommen junge Leute stattdessen heutzutage zu hören? Die Texte vieler Lieder sind voll von Gewalt, Profanem und Verachtung Frauen gegenüber.

Sagen Sie nicht, es wäre ja „bloß Musik". Sagen Sie nicht, das mache keinen Unterschied. Diese Worte haben die Macht, Botschaften in einem noch nicht fertig ausgeformten Verstand einzuprägen. Wäre es Ihnen da nicht lieber, diese Bilder handelten von Respekt?

Was ist so schlecht an etwas Disziplin?

Wissen Sie, warum es in den Universitäten so viel Stress gibt? Weil die Studenten ihre Arbeit nicht dann erledigen, wenn es von ihnen erwartet wird. Es ist, als ob sie sich nicht vorstellen könnten, dass jedes Semester nur drei und einen halben Monat dauert. Zu dem Zeitpunkt, da sie sich besinnen und anfangen, sich zu organisieren für einen totalen, groß angelegten Angriff auf ihre Studienarbeiten, befinden sie sich mit einem Berg von Papier am Ende des Semesters. Und die Universitäten verstärken diesen Mangel an Vorbereitung noch dadurch, dass sie es den Studenten so leicht machen, ihre Arbeit hinauszuzögern. Die Professoren bieten an, Abgabetermine zu verschieben. Meine Nichte ist eben jetzt dabei, eine Hausarbeit fertig zu stellen, die vor neun Monaten fällig gewesen wäre. Sie hat sie nicht abgegeben, aber trotzdem schon eine Note dafür bekommen. Diesen Trick hätte ich gern gekannt, als ich noch zur Schule ging!

Mangel an Struktur erweist Kindern einen schlechten Dienst. Wenn sie einmal die Universität erreicht haben, ist es zu spät, Disziplin zu vermitteln. Strukturen sollten mit dem ersten Tag eingeführt werden. Es hilft Menschen, mit ihrer Umwelt fertig zu werden. Jene Menschen, deren Leben kunterbunt verläuft, sind gewöhnlich diejenigen, die am meisten gestresst sind. Warum? Weil das Leben gern unvorhersehbare Bälle zuwirft – unerwartete Krisen. Und wenn alles im Leben, was Sie organisieren können, auch organisiert ist – wenn Ihr Haus einigermaßen sauber ist, der Papierkram sich dort befindet, wo er sein soll, wenn Geburtstage und Jubiläen notiert sind, wenn Sie immer zur gleichen Zeit aufstehen und zur Arbeit gehen, Ihr Auto an einem bestimmten Platz parken und dann hineingehen und das gleiche Hörnchen mit Kaffee wie jeden Morgen bestellen –, dann leben Sie mit einer gewissen Struktur. Es ist ein Sicherheitsnetz. Struktur und Routine sind von grundlegender Wichtigkeit für Kinder. Ich spreche nicht von Unnachgiebigkeit oder Mangel an Spontaneität. Ich spreche von der täglichen Erfahrung, dass das Leben gesichert scheint.

In Wahrheit gedeihen Kinder prächtig mit einem geregelten Tagesablauf. Er gibt ihnen das Gefühl, sicher zu sein, geliebt und umsorgt zu werden. Doch wir ignorieren das und ziehen offene Klassenzimmer vor, wo die Kinder ohne Schuluniform ziellos von einer Aktivität zur anderen flattern. Kein Wunder, dass die USA zum Land Nummer eins mit einem zweitklassigen Schulsystem werden. Kinder können keine Selbstachtung aufbauen, wenn sie keine Grenzen kennen. Erfüllen Sie an erster Stelle Ihre Elternrolle und erst an zweiter Stelle die eines Freundes. Als meine Kinder heranwuchsen, war ich nicht ihre Freundin. Ich hatte selbst Freunde und sie auch. Unsere Beziehung war einfach: Ich war die Erwachsene und ich stellte die Regeln auf; sie waren die Kinder und sie folgten den Regeln. Es gab nicht dieses Wischiwaschi, wie es heute so häufig zu beobachten ist. Mein Sohn Adam weiß die Geschichte zu erzählen, als er als Fünfjähriger eine Schachtel Platzpatronen in einem Geschäft stahl. Laut Adam zog ich ihn in das Geschäft und erklärte dem Geschäftsführer: „Wenn Sie diesen Jungen jemals wieder hier sehen, dann rufen Sie die Polizei an und lassen Sie ihn verhaften."

Raue Liebe. Heute ist Adam ein erfolgreicher Anwalt und ein wunderbarer, anpassungsfähiger Erwachsener.

Spielen und planen

Als Jerry und ich heirateten, hatte ich zwei kleine Kinder und Jerry hatte drei. Wir wurden unvermittelt eine Großfamilie. Fünf Kinder, zwei Eltern. Sehr schnell war mir klar, dass Jerry und ich verschiedene Rollen in der Familienstruktur spielen würden. Jerry war der Jasager, ich die Neinsagerin. Zuerst dachte ich, das wäre keine so große Sache. Vielleicht war ich ein wenig eifersüchtig auf Jerrys Beliebtheit. Die Kinder liebten ihn – was gab es da auch nicht zu lieben? Er sagte zu allem Ja. Er war ihr Spielkamerad und ihr Kumpel. Er ermöglichte ihnen auch, einer Reihe sehr positiver Charakterzüge nachzueifern. Jerry war warmherzig, liebevoll, großzügig und witzig. Ich hörte sogar schon von Jerrys legendärem Status unter Kindern, bevor wir überhaupt verheiratet waren. Als seine Kinder noch klein waren, zog er sonntags immer schon früh los, um Zeitungen und ein paar Hörnchen zu besorgen, und er kam immer mit ein paar Dutzend Kleinigkeiten zurück, um eine Freude zu machen – Gummibälle, Bonbons für einen Penny, kleine, mit Sirup gefüllte Wachsflaschen, irgendetwas – und alle Kinder aus der Nachbarschaft kamen jeden Sonntagmorgen vorbei, um etwas von Jerry zu bekommen. Das sind die Dinge, die Kinder nie vergessen. Inzwischen, während Jerry und die Kinder damit beschäftigt waren, im Dreck zu ringen, Ball zu spielen, Rad zu fahren und sich zu balgen, blieb es mir überlassen, den Job der Ernsthaften zu übernehmen, die sich um die weniger beliebten, aber notwendigen Aufgaben kümmerte, wie dafür sorgen, dass die Kinder einer regelmäßigen medizinischen Untersuchung unterzogen wurden, dass sie ausgewogene Mahlzeiten erhielten, Kleidung und Disziplin. Ihre Gesichter hellten sich nicht unbedingt auf, wenn sic mich mit Kamm und Zahnbürste auf sich zukommen sahen, aber irgendjemand musste die Dreckarbeit erledigen.

Ich habe die Elternschaft immer als ein ernstes Geschäft betrachtet – und das ist es –, Jerry aber lehrte mich, dass Kinder gut gedeihen, wenn sie in ihrem Leben sowohl eine strenge Hand spüren als auch ein Element des Spielerischen. Unsere Kinder, so lernte ich, hatten großes Glück, denn sie hatten Eltern, die ihnen beides geben konnten. Ich war schließlich in der Lage, mit den Dingen, so wie sie waren, Frieden zu schließen, weil es den Kindern gut tat. Ich denke, beide Eltern müssen sich selbst gegenüber ehrlich sein und sich auf das konzentrieren, was sie im Hinblick auf die Kinder am besten können. Es ist ein Kräfteaustausch. Sicher, meine Rolle war nicht sehr spaßig. Keine räumt gern hinter fünf Kindern her, und noch weniger gern kümmert man sich um die Aufrechterhaltung ihrer verschiedenen Stundenpläne und stellt sicher, dass sie ihre Pflichten erfüllen, aber all das muss genauso erledigt werden. Also kümmerte ich mich am Ende immer um den eher praktischen Kram, während Jerry in der Lage war, sowohl Vater als auch Kamerad zu sein, und mit Überraschungen, Spielzeug und Spielen nach Hause kam. Ich musste es ihm überlassen – er war immer konsequent, teilte immer Umarmungen und Küsse aus und zeigte ihnen in Gesten und Worten immer offen seine grenzenlose Liebe. Er war ein echter Verstärker für die Selbstachtung unserer Kinder. Er war wie der Rattenfänger für seine Kinder und er ist jetzt wie der Rattenfänger für seine Enkel. Wenn unsere Enkel uns besuchen kommen, bleibe ich immer zurück, kniend, meine leeren Arme ausgestreckt, meine Lippen für einen Kuss gespitzt, während sie an mir vorbei direkt in die Arme von Opa Jerry laufen, dessen Taschen voll gestopft sind mit Kaugummi und Lutschern, all das, was ihnen bei ihren Eltern natürlich nicht erlaubt ist. Das ist jedoch die Art Großvater, die er nun mal ist. Er kauft seinen Enkeln immer die Dinge, die ihre Eltern ihnen strikt verboten haben, und besorgt sich allerlei kleines Spielzeug. Kleine Jungen kommen z. B. in ein Alter, wo sie alle entschlossen sind, irgendetwas in die Hände zu bekommen, was einer Schusswaffe ähnelt – genau die Art Gegenstände, die Eltern in diesen aufgeklärten und politisch korrekten Zeiten von ihren Kindern fernhalten wollen. Jerry zieht los und kommt nach Hause mit Wasserpistolen, leichten Säbeln und batteriebetriebenen Nachahmungen von Maschinengewehren, die Geräusche von sich geben, die kleine Jungs mitreißen – alles um seine Enkel zu amüsieren und zu faszinieren.

Ich muss dieses Arsenal von Spielzeugwaffen immer konfiszieren, bevor die Kinder unser Haus verlassen, damit ihre Eltern (jetzt in der Rolle ernsthafter Erwachsener) nicht die Quelle dieser illegal erzielten Freuden entdecken. Ich bewahre die Spielzeugwaffen in einem Schrank auf bis zu ihrem nächsten Besuch. Ich komme allmählich dahinter. Ich habe mich mit den Dingen abgefunden, wie sie nun einmal sind. Jerry wird immer für das aufregende Zeug sorgen – Videospiele, Inlineskates, Skateboards, Wasserpistolen. Ich liefere all das, was Organisation, Vorausblick und Planung erfordert. Möchte irgendeines der Enkelkinder jemals einen Ausflug unternehmen oder in ein Camp oder braucht es einen Sprecher für eine Schulangelegenheit, dann kommen sie zu mir. Wollen sie etwas essen, dann kommen sie zu mir. Opa sorgt also für den Spaß, Oma kümmert sich um Essen, Ausflüge, Einkaufen und all das, was geplant sein will. Opa spielt, Oma plant – und die Kinder bekommen alles, was sie brauchen – genau wie bei unseren Kindern.

Sagen Sie ihnen, dass Sie sie lieben

Ich wusste immer, dass meine Mutter und mein Vater mich liebten. Sie sagten es nicht sehr oft, ich wusste es aber einfach. Und als ich Kinder hatte, hoffte ich, sie würden wissen, dass meine Liebe für sie total und bedingungslos war – obwohl ich es ihnen auch nicht sehr oft sagte.

Dann traf ich Jerry Sheindlin und er beeindruckte mich. Was mir als Erstes auffiel war, dass er ständig zu seinen Kindern sagte: „Ich hab dich lieb." Wenn er mit ihnen telefonierte oder ihnen einen Gutenachtkuss gab, fügte er immer „Ich hab dich lieb" hinzu. Mir ging allmählich auf, wie unglaublich herzlich das war. Auch wenn Ihre Kinder vielleicht wissen, dass Sie sie lieben, ist es doch beruhigend für sie, wenn Sie das verbal unterstreichen.

Es ist eine der besten Angewohnheiten, die ich bei meinem Mann aufschnappte, zu sagen: „Ich liebe dich." Wenn ich heute mit meinen Kindern spreche, obwohl sie jetzt Erwachsene sind, sage ich ihnen, dass ich sie liebe.

Und jetzt gebe ich diesen Rat an Eltern weiter: Nehmen Sie sich Zeit, wenn Sie zu Ihren Kindern gute Nacht sagen, wenn Sie sie ins Bett stecken, Sie schlafen gehen oder wenn Sie zu einem Date gehen, dann sagen Sie noch: „Hab eine schöne Zeit. Ich hab dich lieb. Wir sprechen nächste Woche wieder miteinander. Ich hab dich lieb. Bis morgen früh. Ich hab dich lieb." Sie wissen es, aber es ist doch noch viel schöner, es zu hören. Die Kraft der Liebe lässt nicht nach durch Wiederholung der Worte.

8 Loslassen ist der halbe Spaß

Als ich im Alter von 20 Jahren zum ersten Mal heiratete, lebten mein frisch Angetrauter und ich in einem kleinen Appartement in Brooklyn. Wir waren sehr beschäftigt. Ich beendete mein Jurastudium, und Ron arbeitete als Rechtsberater. Da war nicht sonderlich viel Zeit, um sich um all die kleinen Details der Haushaltsführung zu kümmern, und wir hatten nicht viel Geld.

Meine Mutter, die eine besonders warmherzige und freigebige Frau war, wollte nicht, dass es uns an etwas fehlte. Sie liebte es, Dinge für uns zu erledigen. Manchmal kam ich nach einem langen Tag nach Hause und fand den Kühlschrank gut bestückt mit Essen. Das Gefrierfach war angefüllt mit besonders zubereiteten Steaks und Geflügelbrust, mit Eintopfgerichten, Eiscreme und anderen Leckereien. Meine Schmutzwäsche war weg, und dafür lagen sorgfältig gefaltete Stapel Kleidung, Laken und Handtücher da. Ich betrat das Badezimmer, und da hingen dann ein Dutzend frisch gewaschener Seidenstrümpfe an der Stange für den Duschvorhang und trockneten über der Wanne. Wunderbar, oder?

Um ehrlich zu sein, hatte ich zwiespältige Gefühle und begann sogar, mich ein wenig darüber zu ärgern. Dachte meine Mutter wohl, ich sei nicht in der Lage, selbst damit fertig zu werden? Glaubte sie wohl nicht, ich könnte meine eigene kleine Wohnung organisieren? Nicht zuletzt meine Ehe? Dachte sie, sie müsste uns Essen kaufen?

Eines Nachts, nachdem ich in ein blitzsauberes Appartement mit einem prall gefüllten Gefrierfach zurückgekommen war, hatte ich einen Alptraum. Meine Mutter wusch die Badematte in meinem Badezimmer, und ich stand in der Tür und schrie: „Ich kann durchaus meine eigene Badematte waschen!"

Es liegt in der menschlichen Natur, es übel zu nehmen, wenn man zu viel bekommt. Wenn Sie in zu großer Abhängigkeit zu einer Person aufwachsen, entsteht ein Ungleichgewicht der Macht und es baut sich Wut im Herzen desjenigen auf, der entgegennimmt. Es ist wichtig, Kindern ein Gefühl der Sicherheit zu vermitteln, während sie aufwachsen. Es ist auch wundervoll, wenn sie in der Lage sind, Ihren erwachsenen Kindern ein Sicherheitsnetz zu bieten für die Zeit, da sie gerade dabei sind, flügge zu werden. Bedenken Sie aber auch, es ist ein wundervolles Gefühl für junge Erwachsene, es allein zu schaffen. Letzten Endes erhöht es die Selbstsicherheit, wenn sie ihre Flügel ausbreiten und allein fliegen können. Also geben Sie mit warmer Hand und großzügigem Herzen, seien Sie sich aber auch klar darüber, wann es an der Zeit ist, es dabei bewenden zu lassen.

Halten Sie sich zugeknöpft

Erreichen Sie das Alter, da Ihre Kinder Ehemänner oder -frauen haben, beherzigen Sie diesen Rat von mir – halten Sie sich zugeknöpft! Bemerken Sie Dinge bei Ihren Kindern, Ihrem Schwiegersohn oder Ihrer Schwiegertochter, mit denen Sie nicht einverstanden sind, dann behalten Sie das für sich! Glauben Sie mir, ich weiß, dass es eine Versuchung ist. Ich habe vier Schwiegertöchter und -söhne, und ich beobachte oft, dass sie etwas tun, was ich anders machen würde. Das heißt nicht notwendigerweise, ich hätte Recht, aber aus meiner Perspektive bin ich natürlich älter und weiser. Was soll's? Es macht nichts. Werden Sie nicht nach einer Meinung gefragt, dann bieten Sie auch keine an. Sie denken vielleicht: „Würden sie nur auf mich hören, ich könnte ihnen eine Menge Ärger ersparen." Widerstehen Sie diesem Impuls. Machen Sie nicht Ihren Mund auf, ziehen Sie nicht eine Augenbraue hoch und werfen Sie keine Teller zu Boden. Wenn Sie es bis jetzt geschafft haben, eine Beziehung zu Ihren bereits großen Kindern zu erhalten, dann machen Sie ihnen nicht unnötig Stress, indem Sie durch Einmischung Streitereien und Loyalitätskriege auslösen. Denken Sie einfach daran: Ihre Schwiegertöchter und -söhne werden Ihre Kinder für alles bezahlen lassen, was Sie ihnen sagen oder ihnen antun. Geraten Sie sich mit einem Gatten oder einer Gattin eines Ihrer Kinder in die Haare über irgendeines einer Unzahl von Themen – Kindererziehung, Geld, persönliche Angewohnheiten, Kochen, Saubermachen, Arbeit, was auch immer –, dann kreuzen Sie in gefährlichen Wassern, und Ihr erwachsenes Kind wird möglicherweise durch die Turbulenzen über Bord gespült.

Üben Sie vor einem Spiegel

Ist der Drang, sich in das Leben Ihrer erwachsenen Kinder einzumischen, so überwältigend, dass Sie sich einfach nicht helfen können, dann müssen Sie unter Umständen die richtige zurückhaltende und nicht wertende Pose üben. Beziehen Sie Stellung vor einem Spiegel und stellen Sie sich vor, wie Ihr erwachsenes Kind etwas sagt, was Sie normalerweise in eine Schimpftirade ausbrechen lässt, wie z.B.: „Weißt du was, Mama? Ich habe beschlossen, mein Medizinstudium an den Nagel zu hängen und Bühnenkomiker zu werden." Halten Sie Ihr Gesicht bewegungslos, Ihre Augen blank, Ihre Stirn ruhig und sagen Sie gelassen: „Wie nett, Liebes."

Gehen Sie diese Übung mehrmals durch, bis Sie sie beherrschen, und variieren Sie die Themen:

„Ich werde Buddhist." Wie interessant.

„Ich kündige meinen Job und gehe zur Fremdenlegion." Gut.

„Bill und ich, wir haben uns entschieden, keine Kinder zu bekommen." Mmmmmh ...

„Ich lasse mich operieren, um mein Geschlecht zu ändern." Was immer du willst, Liebes.

Nach einer Weile werden Sie sich selbst so gut trainiert haben, dass Ihre erwachsenen Kinder Sie um eine Reaktion anbetteln werden.

Die Mishpuhkah[9]

Als ich jung und frisch verheiratet war, stand ich meiner Familie nahe und Ron seiner Familie. Meine Schwiegermutter und ihre beste Freundin verbrachten Feiertage abwechselnd in dem einem und in dem anderen Haus. Jedes Thanksgiving hatte entweder die eine oder die andere beide Familien in ihrem Zuhause. Das nächste Jahr war es dann umgekehrt. Sie regelten das schon so seit Jahren. Mein erstes Thanksgiving als neues Mitglied ihrer Familie stand bevor und meine Schwiegermutter rief mich an. „Weiß du, Judy", begann sie. „Thanksgiving steht bevor. Du verbringst es doch mit unserer Familie, nicht wahr? Wir wären fürchterlich verletzt, wenn du das nicht tun würdest. Das ist bei uns Tradition, weißt du. Dieses Jahr ist meine beste Freundin an der Reihe. Was für Umstände sie sich mit dem Festessen macht! So. Was sagst du dazu?"

Haargenau! Was konnte ich dazu sagen? „Wann komme ich dann dazu, ein Thanksgiving mit meiner Familie zu verbringen?" Als ich meinem Vater von dem Gespräch mit meiner

---

[9] Mish-puhk-ah, Yiddish. Verwandte, bes. Angeheiratete; Schwager (Anm. d. Ü.)

Schwiegermutter erzählte, gab er mir eine Antwort, die typisch war. „Sie sind nicht reich genug, um Traditionen zu haben. Wenn man ein Rockefeller ist, ein Kennedy, dann hat man vielleicht Traditionen. Alle anderen haben Zusammenkünfte."

Jetzt, da ich verheiratete Kinder habe, passiert ebendies ständig. Die Pläne, die Entschuldigungen, das ganze Treiben, die zerstörten Hoffnungen, die kaputtgemachten Träume, die angeschlagenen Egos – Junge, Junge! Die Kinder haben uns, ihre Angetrauten haben ihre Familien. Oh, und zu dieser Kleinigkeit kommt das allgemeine Chaos mit „Wo werden wir die Feiertage verbringen" hinzu – meine beiden Kinder haben noch ihren Vater und meine drei Stiefkinder haben ihre Mutter. Es gibt die verschiedensten Arten von familiären Verbindungen und alle möglichen Abstufungen und Kreuzungen von Familien. Dagegen scheint eine Reise auf der Los-Angeles-Autobahn einfach. Die Entscheidungsmöglichkeiten, die Sie haben, sind klar. Sie können es auskämpfen und sich und Ihre erwachsenen Kinder unglücklich machen, indem Sie fordern, dass sie ihre freien Tage mit Ihnen verbringen. Oder Sie können sagen: „Wir würden uns sehr freuen, wenn es euch möglich wäre, eure freien Tage mit uns zu verbringen. Lasst es uns wissen, wenn ihr es einrichten könnt." Ende. Geben Sie ihnen nie das Gefühl, mit Ihnen zusammen sein zu müssen. Es funktioniert wirklich nicht so, wie Sie das gern hätten. Es endet damit, dass Sie ärgerliche, missmutige Kinder haben, die das Gefühl haben, sie könnten einfach nicht mehr mit Ihnen kommunizieren. Sie verursachen natürlich auch zusätzlich Stress für ihre Ehen.

Ich habe das selbst auf schwere Art und Weise lernen müssen, durch bittere Erfahrung. Ich habe einige Male nicht richtig gehandelt. Ich habe es angezettelt. Ich nörgelte herum, ich forderte, ich beschwatzte sie, um meine Kinder an bestimmten Feiertagen hierher zu bekommen. Ich sah die Ergebnisse. Hinterher konnte ich die Leichen zählen und ich lernte, mich zurückzuhalten. Wenn eines meiner Kinder sagt: „Ich denke, wir werden Neujahr mit Papa verbringen“, mache ich sogar heute manchmal noch einen Schnitzer und frage: „Habt ihr nicht letztes Neujahr schon mit eurem Papa verbracht?“ Trotz allem wissen meine Kinder, dass ich ihnen nicht länger auf die Nerven falle, damit sie Feiertage mit Jerry und mir verbringen, da wir uns alle sehr häufig sehen. Wir haben Glück, denke ich. Wir kommen gern mit unseren Kindern zusammen und das beruht anscheinend auf Gegenseitigkeit.

Wollen Sie etwas Dramatik in Ihrem Leben? Sie können schreien; Sie können schlaflose Nächte deswegen verbringen, wenn Sie unbedingt wollen. Sie können sich immer wieder vorsagen: „Was habe ich falsch gemacht? Meine Kinder wollen nicht mit mir zusammen sein, ihrer eigenen Mutter? Sie gehen lieber zu ihrer anderen Familie? Sind wir nicht gut genug für sie?“

Oder Sie können es so sehen. Sie werden nicht sauber machen, jemanden unterhalten, einkaufen, kochen, bedienen oder irgendetwas anderes tun müssen an irgendwelchen endlosen Feiertagen. Sie sind im Grunde frei und Sie wissen, Ihre Kinder lieben Sie. Sie werden sie bald sehen, also entspannen Sie sich und genießen Sie es.

Wahlmöglichkeiten

Solange Ihre Kinder jung sind, verbringen sie jeden Tag mit Ihnen, weil sie müssen. Dann erreichen sie plötzlich ein Alter, da sie sich selbst entscheiden können, und Sie fragen sich, was ist, wenn sie nicht um Sie herum sein wollen? Es ist eine große Versuchung, um ihre Anerkennung zu kämpfen – sie durch Verwöhnen für sich zu gewinnen.

Ich freue mich, sagen zu können, dass aus unseren fünf Kindern interessante, aufregende Erwachsene geworden sind. Einige sind verheiratet, einige haben Kinder, und wir stehen uns alle sehr nahe. Wir freuen uns aneinander. Als wir das Haus am See erstanden, machte ich den Kindern deutlich, dass sie immer willkommen wären. Die Idee war, einen Platz zu haben, wo die ganze Familie zusammen sein könnte, und Jerry und ich freuten uns sehr, dass sie uns beim Wort nahmen.

Die ersten sechs Monate, nachdem wir das neue Haus erworben hatten, waren eine einzige Party – Grillfeste, Schwimmen, Tennis, Bootstouren. Zumindest für sie war es eine Party. Ich ging Lebensmittel einkaufen, füllte Eiswürfelbehälter nach und kümmerte mich um Ladungen von nassen Handtüchern. Allmählich wurde ich ärgerlich. Wenn ich den Tag begann mit einer Gefriertruhe voller Eiswürfel, dann erwartete ich, die Eiswürfelbehälter würden wieder aufgefüllt, nachdem sie verbraucht waren. Auch die Wäsche wurde zum Problem – nicht nur die Handtücher, auch die Bettwäsche. Unsere Kernfamilie war auf vierzehn Personen angewachsen. Das ergibt viele Ladungen Wäsche. Waren die Wochenenden vorüber, ging ich von Zimmer zu Zimmer, zog die Betten ab und sammelte hier und da herumliegende Handtücher und vergessene Kleidungsstücke auf. Ich brachte alles in den Waschraum, kümmerte mich um die nötige Zahl von Waschladungen, trocknete und faltete die Sachen und brachte alles wieder zurück nach oben, bezog die Betten neu und verstaute den Rest im Wäscheschrank und in den Bädern.

Als ich nach einem turbulenten Wochenende um Mitternacht Hand- und Betttücher in den Waschraum brachte, sagte ich zu mir selbst: „Judy, was machst du da eigentlich?“ Das war eine gute Frage. Meiner Zählung nach waren zehn Erwachsene an jenem Wochenende in diesem Haus zugegen. Warum tat ich die ganze Arbeit? Mir wurde bewusst, dass ein

Teil von mir wollte, jeder solle sich entspannen können und glücklich sein. Ich wollte nicht lästige Hausarbeit ins Spiel bringen. Das Ergebnis war, dass ich ausgelaugt, überarbeitet und ärgerlich war. Das konnte so nicht weitergehen. Ich entschied mich, die Spielregeln neu festzulegen. Das nächste Mal, da wir alle Kinder für ein gemeinsames Wochenende versammelt hatten, verkündete ich ein paar Änderungen. Ich sagte: „Hört zu, Kinder. An dem Tag, an dem ihr abreisen wollt, zieht jeder von euch morgens nach dem Aufstehen das Bett ab, wirft das Zeug in die Waschmaschine und den Trockner und bezieht die Betten wieder. Genauso bitte auch mit den Handtüchern." Alle nickten. Keiner sah schockiert aus oder beleidigt. Ich fuhr fort: „Dies ist für uns alle ein zweites Zuhause, wenn ihr das Haus also nutzen wollt, wenn wir nicht hier sind, dann könnt ihr das gern tun. Wenn ihr aber abreist, verlasst es so, wie ihr es vorgefunden habt. Alles ordentlich, gesaugt, den Müll sorgfältig entsorgt, Wäsche und Handtücher erledigt." Wieder keine schockierten oder erstaunten Blicke oder irgendwelche Anzeichen von Ärger. Alle sagten: „Sicher."

Fühlte ich mich schuldig, weil ich entschieden hatte, die Vorschriften festzusetzen? Ein wenig. Ich wollte, dass meine Kinder und Enkel immer eine wunderbare Zeit hatten, wenn sie zu Besuch kamen. Das Problem war, dadurch, dass ich ihnen erlaubte, Spaß ohne Verantwortung zu haben, tat ich weder mir noch ihnen einen Gefallen. Ich fühlte mich bedeutend besser, nachdem ich ihnen das Problem erklärt hatte, statt es zu verdrängen. Das hätte unter Umständen zu irgendeinem explosiven Ausbruch geführt, nachdem meine Toleranzschwelle überschritten gewesen wäre. So war das ein viel besserer Weg, damit umzugehen. Unsere Kinder kommen immer noch zum See. Die Bitte, dass sie ihren Anteil übernehmen möchten, hat sie nicht im Geringsten befremdet.

Loslassen

Für so viele Frauen ist es sehr schmerzlich loszulassen und nicht mehr die erste Geige im Leben ihrer Kinder zu spielen. Es ist besonders schmerzhaft für jene Frauen, die ihren eigenen Selbstwert durch ihre Kinder definierten. Wenn die Kinder sich aus dem Staub machen und ein leeres Nest zurücklassen, sind diese Frauen plötzlich mit sich selbst konfrontiert und sie entdecken sich selbst als bedürftig. Sie fürchten, niemand würde sie jetzt mehr brauchen, sie hätten nichts mehr zu bieten. Das ist natürlich am weitesten von der Wahrheit entfernt.

Sind Sie in ebendieser Lage, dann sollten Sie vielleicht etwas Zeit darauf verwenden, um sich selbst wieder kennen zu lernen. Sie waren eine Persönlichkeit, bevor Ihre Kinder geboren waren, und Sie sind jetzt eine Persönlichkeit. Wer ist diese Persönlichkeit? Wie können Sie sie finden?

Sie finden sie durch Arbeit. Sie finden sie durch Engagement. Das kann ein Job sein, ein Beruf, freiwillige Arbeit, Sozialarbeit, Reisen, Bildung – was immer Ihnen Erfüllung gibt. Sie können in der Welt in jedem Alter engagiert sein. Meine 86-jährige Tante Lillian arbeitet freiwillig drei Tage die Woche in einem Altenheim. Sie ist immer noch so strahlend und gewieft, und ihre Kinder beten sie an. Sie bewundern sie.

Die Wahrheit ist, meine Kinder nahmen mir meine Karriere übel, als sie jünger waren. Ich war nicht immer für sie verfügbar, wie viele der anderen Mütter, und ich gebe zu, ich hatte ab und zu Schuldgefühle. Das, denke ich, ist unvermeidbar im Leben einer hart arbeitenden Karrierefrau und Mutter, aber es traf mich mehr als ein Mal bei einigen Gelegenheiten tief im Herzen. Aber sie wurden zu Teenagern, so schnell, als hätte man eben mal mit der Wimper gezuckt, und sie kamen in eine Phase ihres Lebens, da sie ihre Eltern lieber weder sehen noch hören wollten.

Als Erwachsene sind sie so stolz auf ihre Mutter und sie genießen auch meinen neu erworbenen Ruhm. Es sind jetzt auch eine Menge witziger Vorzüge damit verbunden, ein Kind der *Richterin Judy* zu sein. Ich glaube, sie lieben mich, und ich weiß, sie respektieren mich. Wir haben viel zusammen durchgemacht. Dabei haben meine Töchter – und hoffentlich auch meine Enkelinnen – gesehen, dass Frauen viele verschiedene Rollen spielen können. Am Ende des Tages jedoch, egal wie viele Rollen Sie spielen mussten, sind Sie doch immer Sie selbst.

9 Sie können die Heldin Ihrer eigenen Geschichte sein

Sie haben diesen einen Versuch, außer Sie glauben an Reinkarnation. (Selbst wenn Sie an Reinkarnation glauben, könnten Sie als Eichhörnchen oder als Lemming zurückkommen, dann ist das also immer noch Ihr einziger Versuch.) Männer scheinen das viel besser zu verstehen als Frauen. Wie viele Männer kennen Sie, die ihr Leben auf Eis legen, weil Sie auf Fräulein Richtig warten? Ich wette keinen. Das heißt nicht, dass Männer nicht Teil eines Paares sein wollten. Sie glauben nur nicht, dass sie in der Luft hängen, bis das eintrifft.

Frauen andererseits werden es hinauszögern, sich selbst zufrieden zu stellen, weil sie oft das Gefühl haben, ihr Leben sei nicht vollständig, bevor sie nicht liiert sind. Ich habe Frauen in den 30ern gekannt, die keine Couch kaufen würden, nicht zu reden von einem Zuhause, weil er (wer auch immer er sein mag) das Muster eventuell nicht mögen könnte. Ich habe auch Frauen in den 60ern gekannt, geschieden oder verwitwet, die nicht die Zimmerdecke streichen, den Teppich auswechseln, den der Hund zerfetzt hat, oder in ein größeres, besseres Appartement ziehen würden, bis sie nicht sicher wären, dass sie nicht mehr heiraten würden. All diese Frauen, ob jung oder alt, sagen dasselbe: „Nun ja, wahrscheinlich werde ich jemanden kennen lernen und mit ihm dort einziehen, wie auch immer." Auch wenn sie es nicht laut sagen, so sagen sie es doch zu sich selbst, und das hat etwas sehr Trauriges.

Sicher, sie können Ihre Hoffnung auf etwas anderes setzen. Wenn Sie wirklich Teil eines Paares sein wollen, dann ist da nichts Falsches daran, darauf zu hoffen. Aber wer sagt denn, Sie müssten in Sack und Asche gehen, während Sie hoffen?

Warum können Sie nicht noch Hoffnung haben, während Sie wunderbar leben? Hoffnung kann auch in einem netten Appartement aufkeimen.

Das ist eine harte Botschaft, denn obwohl die meisten jungen Frauen heute keine Aussteuertruhen mehr haben, haben diese doch immer noch einen Platz in der weiblichen Mythologie. Die Aussteuertruhe, Sie werden sich erinnern, war der Aufbewahrungsort für die schönste Wäsche, die am wundervollsten verarbeiteten Quilts, für Silberbecher und Erbstücke. Alles weggeschlossen bis zu jenem glorreichen Tage, da die Hoffnung in Erfüllung ging in Gestalt eines Mannes. Die heutige Spielart der Aussteuertruhe ist das Bankkonto, das man nie anrührt, um einen neuen Satz Handtücher zu kaufen, obwohl die alte Snoopy-Serie einen schon begleitet, seit man acht war. Es ist diese sentimentale Stimme in Ihrem Kopf – „Du bist ein niemand, bis dich jemand liebt.“ Und inzwischen läuft die Uhr in Ihrem kostbaren Leben weiter.

Wenn Sie also herumhocken und darauf warten, dass der Held auftaucht, der Sie in jeder Hinsicht vervollständigen wird, dann sollten Sie vielleicht diese radikale Idee in Betracht ziehen: Warum entscheiden Sie sich nicht dafür, die Heldin Ihrer eigenen Geschichte zu sein? Statt auf Rettung von außen zu warten, schauen Sie nach innen. Statt auf Prinz Charming zu warten, der Sie bezaubert, „bezaubern“ Sie sich selbst, indem Sie mit Leistungen glänzen. Statt nur gerade so durchzukommen in der Hoffnung, etwas Besseres käme noch, leben Sie Ihr Leben so, als ob das Bessere schon eingetreten wäre.

Leben Sie

Wenn Sie vorhaben, heroisch zu leben – d.h., Ihr ganzes Potenzial ausschöpfen – dann können Sie es sich nicht leisten, Energie für Belangloses zu verschwenden. Die typischsten Fälle, die vor dem Gericht *Richterin Judy* erscheinen, handeln von Frauen, die einen dummen Groll mit sich herumschleppen. Das ist die Sorte, die aus einer Mücke einen Elefanten macht. Die Frauen waren vielleicht seit vierzig Jahren die besten Freundinnen. Plötzlich zählt das nicht mehr, denn „Sie hat meinen Lieblingshut kaputtgemacht ... Sie hat meinen Stuhl zerbrochen ... Sie hat meinem Auto einen Kratzer zugefügt ... Sie hat mir die 10 Dollar nie zurückgezahlt, die ich ihr geliehen habe.“ Oder jene Sorte Menschen, die einmal „verliebt“ waren und dann ein Jahr lang einen Prozess darüber führen, wer die letzte Stromrechnung bezahlte. Ich wundere mich über die verzehrende Leidenschaft, mit der sich den belanglosesten Unstimmigkeiten gewidmet wird.

Ich hasse das. Die Leute verschwenden wertvolle Jahre in Gerichtssälen, hegen und pflegen ihren Groll und alte Wunden, nach Rache dürstend für echte oder eingebildete Kränkungen. Ihr Leben zieht an ihnen vorbei; jene Jahre werden sie nie zurückbekommen.

Verbittert werden wegen bupkis (Yiddish: nichts) ist absurd.

Gesegnete Witwenschaft

Die Statistiken sind deutlich. Frauen überleben Männer. Es gibt wesentlich mehr Witwen als Witwer. Und diese Witwen stehen nicht herum, mit einem Fuß bereits im Grab. Ihnen stehen eventuell weitere 20 oder 30 Jahre voller Vitalität und Abenteuer bevor.

Anders gesagt, selbst wenn Sie die beste Ehe leben, die Gott je schuf, besteht doch die Möglichkeit, dass Sie einige Ihrer Jahre allein verleben werden. Haben Sie darüber nachgedacht, was Sie mit all der Zeit anfangen werden? Vielleicht eine Woche, höchstens einen Monat, kann man weinend und klagend verbringen: „Oh, mein Gott, Irving ist tot. Was soll ich bloß tun?“ Und dann, wie man so schön sagt, geht das Leben weiter.

Viele Frauen wachen plötzlich auf, wenn sie Witwen werden, und merken, dass sie wieder auf sich selbst gestellt sind. Und obwohl das nicht bedeutet, sie würden nicht über ihren Verlust trauern, lernen sie, dass es kein so übles Gefühl ist.

Wenn Sie das Glück haben, gesund zu sein und über Ressourcen zu verfügen, dann sind Sie vielleicht in der Lage, einige Dinge zu tun, für die sich bislang keine Gelegenheit bot. Vielleicht haben Sie immer vom Reisen geträumt, Ihres Gatten Vorstellung von Urlaub war es aber, den Grill und das Krokket-Set im Garten hinter dem Haus aufzubauen. Vielleicht haben Sie ihre natürliche Geselligkeit jahrelang unterdrückt, weil Ihr Mann bei der bloßen Erwähnung, es könnten Freunde zum Abendessen vorbeikommen, im Keller Deckung suchte. Er hätte seine eigene Hochzeit geschwänzt, wenn er die Angelegenheit per Briefwahl hätte erledigen können.

Vielleicht lief alles in perfekter Synchronisation, solange Sie verheiratet waren, Sie waren trotzdem aber nicht zum Paarleben geboren. Zwei individuelle Persönlichkeiten schließen eine Ehe. Sie packen einige Ihrer persönlichen Träume weg zugunsten des Teams. Jetzt hat das Team sich zurückgezogen und Sie können die Schachtel entstauben, öffnen und nachsehen, was sich darin befindet.

Unter Umständen müssen Sie von neuem lernen, sich als einzelne Person wertzuschätzen.

Die Mitleidsparty

Das Leben hat Ihnen also einen Knüppel zwischen die Beine geworfen und Sie wissen einfach nicht, wie es jetzt weitergehen soll. Je älter sie werden, desto mehr Knüppel tauchen auf – körperliche, geistige, emotionale, finanzielle. Es fühlt sich vielleicht so an, als hätten Sie keine Chance mehr zu wählen. Aber es gibt immer eine Wahl – und ich mag die folgende.

Schmeißen Sie eine Mitleidsparty. Meine Freundin Vicki stellte mir dieses Konzept vor, das sie von einer anderen Freundin gehört hatte. Vickis Bekannte hatte mit einem dieser besonders harten und großen Knüppel zu kämpfen: Bei ihr wurde ein nicht operierbarer Gehirntumor festgestellt. Ihre einzige Hoffnung, und es war bestenfalls eine kleine, war eine aggressive Bestrahlungstherapie. „Ich war beeindruckt von ihrem Mut“, erzählte mir Vicki. „Sie war fröhlich, sie saß nicht jammernd und heulend herum – was die meisten Leute wohl tun würden. Ich fragte sie also, wie sie so positiv bleiben könne. Sie erzählte es mir und sagte: ‚Jeden Tag zwischen 15 Uhr und 15.15 Uhr gebe ich für mich selbst eine Mitleidsparty. Da gibt es kein Zurückhalten. Ich schreie, ich weine, ich werfe mit Sachen, ich bemitleide mich selbst. Ich lasse alles heraus. 15 Minuten lang. Dann putze ich mir die Nase, trockne meine Augen, trage neues Make-up auf und mache weiter mit meinem Leben.‘“

Ich hielt die Mitleidsparty für eine so wunderbare Idee, dass ich sie Ihnen vorstelle. Bemitleiden Sie sich selbst? Hat das Leben Ihnen übel mitgespielt? (Es muss kein Gehirntumor sein; ein schlechter Tag im Büro tut’s auch.) Ist Ihnen danach zu heulen, zu klagen, ins Bett zu gehen und die Decke über den Kopf zu ziehen? Heben Sie sich das für Ihre Mitleidsparty auf. Ich habe es ausprobiert. Es funktioniert.

Das Mai-Dezember-Syndrom

Das Älterwerden kann eine wahre Herausforderung für die Selbstachtung einer Frau sein, da wir in dieser Gesellschaft ein wesentlich kürzeres „Haltbarkeitsdatum“ zu haben scheinen als Männer. Sie können das an sich nagen lassen oder Sie können dieses Ärgernis ein für alle Mal beseitigen. Wie? Vor etwa zehn Jahren begann eine Reihe von geschiedenen Freunden sich wieder zu verheiraten. Fast unweigerlich fanden unsere Freundinnen, die wieder heirateten, Partner aus ungefähr ihrer eigenen Altersgruppe. Mit den Männern war es eine andere Geschichte. Fast alle unsere Freunde fanden Frauen, die als ihre Töchter durchgegangen wären, und waren in einigen Fällen jünger als die tatsächlichen Töchter der Männer! Es war wie in einem Club. All diese 55-jährigen Männer mit 26-, 27-jährigen Ehefrauen. Großartig. Gute Mischung.

Sie alle riefen an und sagten: „Hey, treffen wir uns doch mal!“

Ich war immer nett, immer höflich. Ich fragte: „Wie alt ist denn die neue Mrs. Entwhistle?“ Sie antworteten mit einer Zahl, die dem Alter mancher meiner Kleidungsstücke entsprach. Meine Antwort war immer die gleiche. „Ich weiß nicht. Sie ist ziemlich jung. Ruf mich wieder an, wenn du mit jemanden zusammen bist, die nicht gerade erst den Hochschulabschluss gemacht hat.“

Ich weiß, dass klingt kleinlich, aber offen gesagt, es ist mir egal. Ich muss mir das nicht antun, drei Stunden einer Sexbombe ohne einer Spur von Zellulite am Tisch gegenüberzusitzen, danach ringend, einen Gesprächsbrocken von allgemeinem Interesse zu finden. Ich weiß bereits, dass wir nichts gemeinsam haben – außer vielleicht unsere Eingeweide. Ich denke, der Grund, warum viele ältere Männer nach jüngeren Frauen Ausschau halten, ist einfach – sie wollen die Kontrolle haben. Sie wollen die Autorität sein, der Verantwortliche, der Kommando führende General. Sie wollen eine Frau, die zu ihnen aufsieht, die nicht so leicht die Fassade durchschaut. Wenn Frauen älter werden, werden sie mächtiger, klarer und sicherer in dem, was sie wollen. Und das kann für einen Mann eine große Herausforderung sein. Vielleicht eine zu große Herausforderung.

Und was hat eine jüngere Frau davon? Einige junge Frauen haben mir erzählt, sie fänden junge Männer ungeschickt, brutal und unsensibel. Ein älterer Mann, behaupten sie, wisse, mit einer Frau umzugehen. Ein älterer Mann habe viel mehr zu bieten (besonders, wenn er wohlhabend ist).

Diese Geschichte hat also viele Seiten – die Sichtweise des älteren Mannes, die Sicht der jüngeren Frau und die Sichtweise der reiferen Frau.

Nebenbei gesagt, wenn ich Frauen fragen höre: „Wo sind all die guten Männer?“, so muss ich ihnen entgegnen, dass sie nicht aufpassen. Die guten Männer sind genau da, wo sie immer waren. Sie verpassen sich nur ständig, während sie herumlaufen, um Herrn oder Frau Perfekt zu finden.

P.S. Ich habe einen lieben, erwachsenen, unverheirateten Sohn. Senden Sie bitte Briefe und Fotos.

Und dank des Kinos . . .

Kinofilme heutzutage können mich wirklich wütend machen. Ich sehe mir *Bulworth* an.

Männliche romantische Hauptrolle: Warren Beatty, 61.

Weibliche romantische Hauptrolle: Halle Berry, 32.

Ich sehe mir *As Good as It Gets* an. Männliche romantische Hauptrolle: Jack Nicholson, 61.

Weibliche romantische Hauptrolle: Helen Hunt, 35.

Ich sehe mir *Six Days, Seven Nights* an. Männliche romantische Hauptrolle: Harrison Ford, 65.

Weibliche romantische Hauptrolle: Anne Heche, 29.

Sean Connery, 68, dreht zur Zeit einen Film mit einer 28-Jährigen in der weiblichen romantischen Hauptrolle.

Michael Douglas, 54, mit einer 25-Jährigen in der weiblichen romantischen Hauptrolle.

Und da ist immer wieder Woody Allen.

Erkennen Sie da einen Trend?

Ich mag, wie Meryl Streep mit dem Trend älterer Mann – jüngere Frau im Kino umgeht.

Streep ist eine schöne, talentierte 49-Jährige. Sie ist eine brillante Schauspielerin, das Publikum liebt sie, trotzdem hat sie Schwierigkeiten, Rollen zu finden.

Kürzlich, bei einem Mittagessen anlässlich einer Preisverleihung für Frauen im Film, forderte Streep die Filmemacher auf, Schluss zu machen mit dem „Mythos, es sei eine gute Vorstellung für ein Mädchen, erwachsen werden zu wollen, mit dem Essen aufzuhören und mit 25- einen 60-jährigen Mann zu heiraten und ihn fabelhafte zehn Jahre bis zu seiner Senilität zu begleiten. Das ist eine althergebrachte Vorstellung für ihn. Was hat sie davon?"

Kommt schon, Jungs, seid ehrlich. Ältere, arme Männer angeln sich nie die knackigsten 25-Jährigen. Ihr seid viel größer und viel attraktiver, wenn ihr auf eurer Brieftasche steht.

In Würde altern

Bislang hatte ich Glück. Mein Mann und ich, wir sind immer noch relativ jung und keiner von uns hat größere gesundheitliche Probleme. Vielleicht leben wir, bis wir 100 Jahre sind! Aber ich habe meine Eltern altern und sterben sehen. Es ist hart. Die Perspektiven ändern sich, wenn man älter wird. Die Dinge, die an einem bestimmten Punkt in Ihrem Leben von vitaler Wichtigkeit waren, scheinen in Vergessenheit zu geraten. Und es gibt endlose Überraschungen. Mann kann fast nie genau abschätzen, was die Zukunft bringen wird. Dieses Gefühl von Aufregung und Abenteuer ist in meinem Leben sicherlich greifbar.

Hätten Sie mir vor fünf Jahren gesagt, ich würde als Richterin beim Fernsehen arbeiten, ich hätte Sie für verrückt erklärt. Ich hätte mich geirrt. Es gibt noch eine Menge Nervenkitzel in meinem Leben. Reife hat viele Vorteile, keiner davon wird in unserer nach Jugendlichkeit verrückten Gesellschaft sonderlich gepriesen, aber ich hege die Hoffnung, dass wir den Jüngsten die Lektion beibringen können, wie viel besser und zufrieden stellender es sein kann, wenn man schon ein wenig Lebenserfahrung auf dem Buckel hat.

Wahre Größe

Wenn ich in New York bin, essen Jerry und ich oft in einem Pizzatreff zu Abend, der sich auf der anderen Straßenseite gegenüber unseres Appartments befindet. (Habe ich erwähnt, dass ich nicht mehr koche?) Es geht schnell, einfach und so, wie wir es mögen. Eines Nachts saßen Jerry und ich in dem Pizzatreff, um einen Happen zu uns zu nehmen, und ich stand auf, ging hinüber zur Kühltheke mit den Erfrischungsgetränken, nahm ein Getränk heraus und schickte mich an, zu unserem Tisch zurückzugehen. Ein gut gekleideter Mann, Ende 50, saß in der Nähe. Als ich an seinem Tisch vorbeikam, sagte er ganz ernsthaft: „Ich habe Sie im Fernsehen gesehen. Sie sind ziemlich gut.“ Dann lieferte er die unvermeidliche Pointe: „Aber ich dachte, Sie wären viel größer.“ Vielleicht dachte er, er würde mir ein Kompliment machen. Wissen Sie, wie oft ich das gehört habe? Fein. Dann bin ich also sehr klein. Ich bin unwesentlich größer als 1,50 Meter, aber ich habe Präsenz – vor allem auf dem Richtersessel. Das lässt größer erscheinen. Ich sah diesen Pizza kauenden Kerl an, der sichtlich von mir erwartete, ich sollte meinen neuerdings geschrumpften Zustand kommentieren. Ich sagte also: „Ich bin groß. Ich erscheine nur als Person kleiner." Dann lächelte ich und ging weiter. Der Kerl machte ein Gesicht, als hätte ihn ein Baseball getroffen. Jerry gackerte laut an unserem Tisch. Und ich reckte mich zu meiner vollen Länge, die im Geiste jedenfalls mindestens drei Meter beträgt, und gesellte mich wieder zu meinem Mann.

Ich wurde klein geboren, aber ich habe Größe. In der Geschichte meines Lebens bin ich die Heldin. Ich bin diejenige, die den Tag bewältigt – nicht mit roher Kraft, sondern mit Witz und Intelligenz.

Fragen Sie sich, was Sie bräuchten, damit Sie so für sich selbst fühlen könnten. Es spielt keine Rolle, ob Sie 20 oder 60 sind, allein oder Teil eines Paares. Jeder andere in Ihrem Leben ist höchstens ein Hilfsspieler für Ihre eigene große Starrolle.

Wenn sie eine gesunde Einstellung haben, eine positive Ausstrahlung und ein Gefühl für Ihre persönliche Leistung und Wichtigkeit, dann werden sie eine bessere Partnerin, Freundin und Mutter sein. Das heißt nicht, Sie sollen selbstsüchtig sein, sondern Sie sollen Ihr Bestes geben und solchen Menschen Widerstand leisten, die Sie runterziehen wollen. Es heißt, Sie sind für Ihr eigenes Glück verantwortlich. Und d.h., leben Sie Ihr Leben ohne Angst.

10 Ein Wort noch zum Schluss: Verzichten Sie nicht!

Frauen unterwerfen sich Männern aus einem einzigen Grund – Angst. Selbstachtung ist die Fähigkeit, diese Angst zu besiegen und in der Lage zu sein, mit hoch erhobenem Kopf zu sagen: „Ich habe keine Angst."

„Ich habe keine Angst davor, allein zu sein."
„Ich habe keine Angst davor, einen Fehler zu machen."
„Ich habe keine Angst davor, unbeliebt zu sein."
„Ich habe keine Angst davor, nicht akzeptiert zu werden."
„Ich habe keine Angst davor, unverheiratet zu sein."
„Ich habe keine Angst vor dem Älterwerden."
„Ich habe keine Angst davor, ich selbst zu sein."

Eine mir sehr nahe stehende Person ist mit einem wunderbaren Mann verheiratet – mit einer Ausnahme. Wenn er sich über irgendetwas ärgert, ist sein Kopf wie von einer schwarzen Wolke umgeben, und er brütet tagelang, ja wochenlang vor sich hin. Sie hätte es vorgezogen, wenn er gebrüllt und geschrien hätte. Die Stille ist einfach tödlich.

Viele Jahre hindurch hatte sie daher große Angst davor, ihm zu missfallen und damit einen dreiwöchigen Kalten Krieg auszulösen, und erlaubte ihm so, Kontrolle über sie auszuüben. Wenn sie eine Beschwerde hatte, die zu einer Auseinandersetzung führen konnte, dann behielt sie diese für sich. Wollte sie etwas, von dem sie wusste, er würde es missbilligen, dann entschied sie sich dagegen. Das war es nicht wert.

Etwas Witziges passierte, als meine Freundin ins reifere Alter kam. Sie wurde allmählich sie selbst. Ihr Geschäft startete durch, und plötzlich hatte sie Geld und Selbstvertrauen. Sie nutzte das Geld, um ein kleines Landhäuschen zu erwerben. Sie nutzte das Selbstvertrauen, um sich immer dann dorthin zurückzuziehen, wenn ihr Mann damit anfing, sie hinauszuekeln. Sie schlich nicht länger auf Zehenspitzen um das Haus oder ertrug die schreckliche Anspannung durch sein Schweigen.

Sie erklärte ihrem Mann Folgendes: „In dieser Phase meines Lebens bin ich nicht mehr bereit, mich von dir kontrollieren zu lassen. Ich liebe dich kein bisschen weniger. Ich sage nur, ich habe keine Angst. Wenn du mir die kalte Schulter zeigst, werde ich nicht herumsitzen und leiden. Ich gehe aufs Land!“

Denken Sie an Ihr eigenes Leben und die Dinge, die Ihnen Magenschmerzen verursachen. Seien Sie ehrlich zu sich selbst. Welche Angst hält Sie zurück? Ist es die Angst vor dem Alleinsein? Ist es die Angst, kein Geld zu haben? Ist es die Angst davor, älter zu werden?

All das sind allgemeine Ängste. Gehen Sie tiefer und finden Sie heraus, was die wirkliche Angst ist. Wenn Sie sagen, Sie haben Angst vor dem Alleinsein, was genau am Alleinsein macht Ihnen Sorgen? Ist es, dass Sie keine Kinder haben? Ist es Langeweile? Ist es, dass Sie niemanden haben, der sich um Sie kümmert, wenn Sie es nötig brauchen? Ist es, dass andere denken werden, Sie wären weniger wichtig, wenn Sie nicht Teil eines Paares sind?

Was würde es Sie kosten, wenn Sie diese Angst nicht Ihr ganzes Leben hindurch hätten? Nehmen Sie es in die Hand. Wenn sie sich nach einem Kind sehnen, dann gibt es Mittel und Wege, ein Kind zu haben. Sind Sie gelangweilt oder brauchen Sie Hilfe, schaffen Sie sich einen engen Kreis von Freunden. Machen Sie sich Sorgen darüber, was andere Leute denken, dann arbeiten Sie daran, dass Sie sich selbst mögen statt zu versuchen, anderen zu gefallen, indem Sie jemanden darstellen, der Sie nicht sind. Haben Sie Angst davor, in der Arbeit Ihre Stimme zu erheben und Ihren Ansichten und Ideen lautstark Ausdruck zu verleihen, weil sie denken, Sie würden anecken, dann machen sie Ihre Hausaufgaben und üben Sie vorher, damit Sie artikuliert und mit Selbstvertrauen sprechen.

Es ist menschlich, dass man Schmetterlinge im Bauch spürt vor einem großen Moment oder dass man einen Augenblick lang Angst hat, bevor man eine wichtige Entscheidung fällt. Was einen erfolgreichen Menschen von einem nicht erfolgreichen unterscheidet, ist die Fähigkeit, an der Angst zu arbeiten.

Ich wirke vielleicht im Fernsehen furchtlos, aber es gab weiß Gott viele Gelegenheiten in meinem Leben, wo ich diesen Hauch von Angst gespürt habe. Ich sage Ihnen, ich bin viel stolzer auf jene Male, da ich sie durchgestanden habe, als auf jene, da ich sie zurückhielt. Ich bin viel zufriedener mit dem Ergebnis, wenn ich vor Selbstsicherheit strotze, als wenn ich auf meine Bedürfnisse und Wünsche verzichte, um gemocht zu werden.

Mein Mann ist ein Experte auf dem Gebiet der DNA. Er hat zwei Bücher darüber geschrieben und er hält Unterricht über forensische DNA vor Jurastudenten. Jerry kann aus dem Stegreif die Feinheiten genetischen Materials erläutern, mit Begriffen, dass mir die Augen übergehen.

Nun, jetzt habe ich auch ein Buch über die DNA geschrieben – dieses hier. Davon abgesehen, dass mein Buch nichts mit genetischen Besonderheiten zu tun hat, gegen die man nichts unternehmen kann, dafür aber alles mit Ihrem Leben, das Sie kontrollieren können. In meinem Buch über DNA stehen die Buchstaben für:

Do Not Abdicate – Verzichten Sie nicht.

Stichwortverzeichnis

A
Abhängigkeit, große 148
Abneigungen 100
Akzeptanz 87
Allen, Woody 164
Altern, in Würde 165
Angewohnheiten 145
Angst, Leben ohne 167
Ängste, allgemeine 170
Ansichten, rückständige 29
Ärgernisse, belanglose 110
Attacke, heimliche 117
Aufmerksamkeit 36
Auseinandersetzung 169
Ausgleich
- finanzieller 87
- moralischer 46
Aussehen 139
Ausstrahlung, positive 166

B
Babybetreuung 45
Bachmann, Peter 76ff.
Beatty, Warren 163
Bedingungen, weibliche 116
Bedürfnisse 61
- angeborene 87
Behandlung, medikamentöse 132
Belastbarkeit 81
Belästigung, sexuelle 83f.
Berry, Halle 163
Berufsleben 22
Berufung 60
Bestärker, großartige 127
Bestrahlungstherapie, aggressive 161
Bettnässer 135
Beziehung, emotionaler Kern einer 52
Big Ticket TV 76
Bildung 64
Bremse, imaginäre 121
Brustvergrößerung 101
Burns, George 89

C
Cameron, James 73
Charakterstärkung 125
Chirurgie, plastische und rekonstruierende 101
Connery, Sean 164
Corcoran, Barbara 128

D
Dichotomie, rätselhafte 25
Disziplin 140
DNA 171
Douglas, Michael 164
Drohungen, leere 54
Druck, sozialer 28

E

Ehe, schlechte 52
Eheberater 107
Eifersucht 28
Einfühlungsvermögen 108
Einstellung, gesunde 166
Einzigartig 131
Eltern 127
Energie 92
Engagement 155
Entschuldigung 104
- moderne 132
Enttäuschung 93
Erfolg(s) 130
- Geheimnis des 88
Erholung 99
Erwartungen
- hoch gesteckte 131
- unrealistische 64, 134
Erwartungshaltung, alte 109
Eventualitäten 88
Extravaganz 94

F

Fähigkeiten 139
- innere 136
Fairness 96
Familiengericht 24, 33f., 69, 90, 99, 136
Familienskala 96
Fantasien
- männliche 101
- romantische 64
Fassaden 74
Faulheit 99
Fehlschläge 125
Feindseligkeit 96
Fernsehsendung 23
Fertigkeiten 64, 139
Finanztreffen 83
Fliegen 21
Ford, Harrison 164
Frau, die chronisch beleidigte 84
Freunde 21
Friede, innerer 108
Frustration 93
Fürsorge 108

G

Geduld 24
Gefühle 36
Gehaltserhöhung 80
Geheimnisse, schmutzige, kleine 21
Geld 59
Gerechtigkeit 72
Geselligkeit, natürliche 160
Gleichberechtigung 51
Gleichheit 72
Glück, eigenes 167
Größe, wahre 165
Grundbedürfnisse 53

H

Haare 101
Hauptbeschäftigung 33
Hauptverantwortung 35
Hausfrauenkram, typischer 112
Haushaltsführung 147

Haushaltspflichten 22
Heche, Anne 164
Heirat 35
Hoover-Akte, die 68
Humor 76, 81
- männlicher Sinn für 83
Hyperaktivität 133

I
Isolation 31

J
Jasager 142
Job aufgeben 50
Jordan, Michael 101
Jubelseite, eingebaute 127

K
Kampf, ungleicher 72
Karriere 32
Kinder
- kleine 96
- Selbstachtung der 144
Kindheit 130
- Bausteine in der 129
King, Larry 40
Kinofilme 163
Kleiderwahl 100
Kommunikationsnetz 72
Kontakt, permanenter 136
Kriechen 21
Kriegerhaltung 62
Kummer 93

L
Lage, peinliche 68
Leben(s-) 158
- erwartung, durchschnittliche 91
- lust 92
- ohne Angst 167
- rhythmus 82
- stil 29
Leistung, persönliche 166
Lewinsky, Monica 39
Liebe 35, 50, 109
- die Kraft der 146
Loslassen 147, 155
Lyttle, Larry 78

M
Machtbasis 72
Mai-Dezember-Syndrom 162
Make-up 100
Mangel, körperlicher 103
Männerdomänen 69
Männerwünsche 21
Märchen 64
Marotten 56
Material, genetisches 171
Mishpuhkah 150
Missbilligung 130f.
Mitgefühl 81
Mitleid(s-) 25
- party 161
Mutter, jugendliche 45

N
NATPE (National Association of Television Executives) 76, 79
Neinsager 142
Nicholson, Jack 164

O
Ordnung, soziale 93
Orgasmus 43

P
Persönlichkeiten 75
- individuelle 56
Pflege(-) 37
- technik 93
Planen 142
Potenzial ausschöpfen 158
Potenzpille Viagra 40

Q
Qualitäten 27
- persönliche 139

R
Raleigh, Bob 79
Raserei auf der Straße 120
Reflex 62
Regeln 26
Reinkarnation 157
Rendezvous 26, 37
Respekt 27, 33, 51, 99, 109, 140
Ressourcen 53
Rollenvorbilder 73
Ryan, John 76, 78

S
Säuglingsformel 58
Scheidung(s-) 32, 35, 61
- schutz 64
Schiffbruch 28
Schönheit 100
Schuldgefühle 35
Schutzhülle 74
Schwanengesang 27
Schwangerschaft 59
Schwierigkeiten, finanzielle 82
Seite an Seite 85
Selbstachtung
- Definition von 169
- der Kinder 144
- Grundlage für 129
Selbstsicherheit 53
Selbstvertrauen 170
- aufbauen 138
Selbstwert, eigener 155
Sex(-) 39, 44
- affäre 52
Sexualprobleme 40
Sisyphusarbeit 22
Spaß 83
Spelling Entertainment 76f.
Spiele 83, 142
Stichelei, lustige 76
Stimmung, richtige 43
Strahlen 76
Straße, Raserei auf der 120

Streep, Meryl 164
Streicheleinheiten 35
Streisand, Barbra 73
Stress, emotionaler 90
Synchronisation, perfekte 160

T

Tagesmutter 32
Talente 130
Teenager 44
Territorium, männliches 68
Therapeut 107
Tick, persönlicher 37
Titanic 114
Todesfahrten, schweigende 121
Toilettenpapier-Kriege 119
Traditionen 151
Träume 91
Trennung 37
Tretmühle, tägliche 90
Treuebruch 24
Triebe, angeborene 131
Trugschluss, phallischer 40

U

Überredungskunst 107
Unabhängigkeit, finanzielle 64
Unentbehrlich 74
Ungerechtigkeiten 72
- fundamentale 96
Ungleichgewicht 148
- medikamentös behandelbares physisches 134
Unterhaltungsindustrie 87
Unterordnung 25
- Handbuch der 26
- Regeln 26
Unterstützer,
- großartige 127
Unterwerfung 26

V

Verantwortung 29, 58, 72, 96
- gleichmäßige Verteilung der 110
Verbesserungen 101
Vergnügen 43
Verhandlungen, feindliche 62
Verkaufszahlen 83
Verleugnung 49, 59
Verlobungsring 95
Verrücktheit, männliche 23
Verständnis 24
- mangelndes 108
Verwandtschaft 21, 127
Viagra 40
Vorbereitung 88

W

Wahlmöglichkeiten 152
Weisheit 93
Werte, individuelle 56
Westheimer, Dr. Ruth 44
Wichtigkeit, persönliche 166
Wirtschaft 87
Witwenschaft, gesegnete 159
Witz, geschickter 76

Worldvision Enterprises 74, 76, 79
Wünsche 59, 61

Z
Zeit, euphorische 59
Zufriedenheit 157
Zukunft, gemeinsame 24